# O REI DA VELA

**Coordenação editorial**
JORGE SCHWARTZ E GÊNESE ANDRADE

# O REI DA VELA

# E ANDRADE

**Uma perspectiva crítica
sobre Oswald de Andrade**
DÉCIO DE ALMEIDA PRADO

*O Rei da Vela*
RENATO BORGHI

*O Rei da Vela*: **Manifesto do Oficina**
JOSÉ CELSO MARTINEZ CORRÊA

COMPANHIA DAS LETRAS

Copyright © 2017 by herdeiros de Oswald de Andrade

*Grafia atualizada segundo o Acordo Ortográfico da Língua Portuguesa de 1990, que entrou em vigor no Brasil em 2009.*

PESQUISA, REVISÃO E ESTABELECIMENTO DO TEXTO OSWALDIANO: Gênese Andrade

CRONOLOGIA: Orna Messer Levin

CAPA E PROJETO GRÁFICO: Elisa von Randow

CARICATURA DO AUTOR: Loredano, *Oswald de Andrade*, 2015. Nanquim sobre papel, 21 x 29,7 cm, publicada em *O Estado de S. Paulo*, São Paulo, 28 jan. 2017.

QUARTA CAPA: Nonê (Oswald de Andrade Filho), *Retrato de Oswald de Andrade*, década de 1960. Capa da segunda edição de *O Rei da Vela*. São Paulo: Difusão Europeia do Livro, 1967.

PREPARAÇÃO: Maria Fernanda Alvares

REVISÃO: Ana Maria Barbosa e Adriana Bairrada

Dados Internacionais de Catalogação na Publicação (CIP)
(Câmara Brasileira do Livro, SP, Brasil)

---

Andrade, Oswald de, 1890-1954
  O Rei da Vela / Oswald de Andrade. — 1ª ed. — São Paulo :
Companhia das Letras, 2017.

  Inclui: Uma perspectiva crítica sobre Oswald de Andrade /
Décio de Almeida Prado / O Rei da Vela / Renato Borghi / O Rei
da Vela: Manifesto do Oficina / José Celso Martinez Corrêa.

  ISBN 978-85-359-2929-4

  1. Teatro brasileiro I. Prado, Décio de Almeida. II. Borghi,
Renato. III. Corrêa, José Celso Martinez.

---

17-03900                                                 CDD-869.2

---

Índice para catálogo sistemático:
1. Teatro : Literatura brasileira                           869.2

*1ª reimpressão*

[2021]
Todos os direitos desta edição reservados à
EDITORA SCHWARCZ S.A.
Rua Bandeira Paulista, 702, cj. 32
04532-002 – São Paulo – SP
Telefone: (11) 3707-3500
www.companhiadasletras.com.br
www.blogdacompanhia.com.br
facebook.com/companhiadasletras
instagram.com/companhiadasletras
twitter.com/cialetras

# SUMÁRIO

**O REI DA VELA**

15 1º Ato

38 2º Ato

60 3º Ato

73 **NOTA SOBRE O ESTABELECIMENTO DE TEXTO**

**FORTUNA CRÍTICA**

77 Uma perspectiva crítica sobre Oswald de Andrade

*Décio de Almeida Prado*

82 Posfácio — *O Rei da Vela*

*Renato Borghi*

91 *O Rei da Vela*: Manifesto do Oficina

*José Celso Martinez Corrêa*

105 Leituras recomendadas

107 Cronologia

# O REI*
# DA
# VELA

## PEÇA EM TRÊS ATOS

*A Álvaro Moreyra*

*e*

*Eugênia Álvaro Moreyra*

*na dura criação
de um enjeitado — o teatro
nacional,
O. A.*

*São Paulo, junho, 1937*

# PERSONAGENS DRAMÁTICOS

ABELARDO I

ABELARDO II

HELOÍSA DE LESBOS

JOANA conhecida por JOÃO DOS DIVÃS

TOTÓ FRUTA-DO-CONDE

CORONEL BELARMINO

D. CESARINA

D. POLOQUINHA

PERDIGOTO

O AMERICANO

O CLIENTE

O INTELECTUAL PINOTE

A SECRETÁRIA

DEVEDORES, DEVEDORAS

O PONTO

# 1º ATO

EM SÃO PAULO. *Escritório de usura de Abelardo & Abelardo. Um retrato da* Gioconda. *Caixas amontoadas. Um divã futurista. Uma secretária Luís XV. Um castiçal de latão. Um telefone. Sinal de alarma. Um mostruário de velas de todos os tamanhos e de todas as cores. Porta enorme de ferro à direita correndo sobre rodas horizontalmente e deixando ver no interior as grades de uma jaula.*

*O Prontuário, peça de gavetas com os seguintes rótulos:* MALANDROS — IMPONTUAIS — PRONTOS — PROTESTADOS. *— Na outra divisão:* PENHORAS — LIQUIDAÇÕES — SUICÍDIOS — TANGAS.

*Pela ampla janela entra o barulho da manhã na cidade e sai o das máquinas de escrever da antessala.*

*Abelardo I, Abelardo II e o Cliente*

**ABELARDO I** (*sentado em conversa com o Cliente. Aperta um botão, ouve-se um forte barulho de campainha*) Vamos ver...

**ABELARDO II** (*veste botas e um completo de domador de feras. Usa pastinha e enormes bigodes retorcidos. Monóculo. Um revólver à cinta*) Pronto, seu Abelardo.

**ABELARDO I** Traga o dossiê desse homem.

**ABELARDO II** Pois não! O seu nome?

**O CLIENTE** (*embaraçado, o chapéu na mão, uma gravata de corda no pescoço magro*) Manoel Pitanga de Moraes.

**ABELARDO II** Profissão?

**O CLIENTE** Eu era proprietário quando vim aqui pela primeira vez. Depois fui dois anos funcionário da Estrada de Ferro Sorocabana. O empréstimo, o primeiro, creio que foi feito para o parto. Quando nasceu a menina...

**ABELARDO II** Já sei. Está nos IMPONTUAIS. (*entrega o dossiê reclamado e sai*)

**ABELARDO I** (*examina*) Veja! Isto não é comercial, seu Pitanga! O senhor fez o primeiro empréstimo em fins de 29. Liquidou em maio de 1931. Fez outro em junho de 31, estamos em 1933. Reformou sempre. Há dois meses suspendeu o serviço de juros... Não é comercial...

**O CLIENTE** Exatamente. Procurei o senhor a segunda vez por causa da demora de pagamento na Estrada, com a Revolução de 30. A primeira foi para o parto. A criança já tinha dois anos. E a Revolução em 30... Foi um mau sucesso que complicou tudo...

**ABELARDO I** O senhor sabe, o sistema da casa é reformar. Mas não podemos trabalhar com quem não paga juros... Vivemos disso. O senhor cometeu a maior falta contra a segurança do nosso negócio e o sistema da casa...

**O CLIENTE** Há dois meses somente que não posso pagar juros.

**ABELARDO I** Dois meses. O senhor acha que é pouco?

**O CLIENTE** Por isso mesmo é que eu quero liquidar. Entrar num acordo. A fim de não ser penhorado. Que diabo! O senhor tem auxiliado tanta gente. É o amigo de todo mundo... Por que comigo não há de fazer um acordo?

**ABELARDO I** Aqui não há acordo, meu amigo. Há pagamento!

**O CLIENTE** Mas eu me acho numa situação triste. Não posso pagar tudo, seu Abelardo. Talvez consiga um adiantamento para liquidar...

**ABELARDO I** Apesar da sua impontualidade, examinaremos as suas propostas...

**O CLIENTE** Mas eu fui pontual dois anos e meio. Paguei enquanto pude! A minha dívida era de um conto de réis. Só de juros eu lhe trouxe aqui nesta sala mais de dois contos e quinhentos. E até agora não me utilizei da lei contra a usura...

**ABELARDO I** (*interrompendo-o, brutal*) Ah! meu amigo. Utilize-se dessa coisa imoral e iníqua. Se fala de lei de usura, estamos com as negociações rotas... Saia daqui!

**O CLIENTE** Ora, seu Abelardo. O senhor me conhece. Eu sou incapaz!

**ABELARDO I** Não me fale nessa monstruosidade porque eu o mando executar hoje mesmo. Tomo-lhe até a roupa, ouviu? A camisa do corpo.

**O CLIENTE** Eu não vou me aproveitar, seu Abelardo. Quero lhe pagar. Mas quero também lhe propor um acordo. A minha situação é triste... Não tenho culpa de ter sido dispensado. Empreguei-me outra vez. Despediram-me por economia. Não ponho minha filhinha na escola porque não posso comprar sapatos para ela. Não hei de morrer de fome também. Às vezes não temos o que comer em casa. Minha mulher agora caiu doente. No entanto, sou um homem habilitado. Tenho procurado inutilmente emprego por toda a parte. Só tenho recebido nãos enormes. Do tamanho do céu! Agora, aprendi escrituração, estou fazendo umas escritas. Uns biscates. Hei de arribar... Quero ver se adiantam para lhe pagar.

**ABELARDO I** Mas enfim, o que é que o senhor me propõe?

**O CLIENTE** Uma pequena redução no capital.

**ABELARDO I** No capital! O senhor está maluco! Reduzir o capital? Nunca!

**O CLIENTE** Mas eu já paguei mais do dobro do que levei daqui...

**ABELARDO I** Me diga uma coisa, seu Pitanga. Fui eu que fui procurá-lo para assinar este papagaio? Foi o meu automóvel que parou diante do seu casebre para pedir que aceitasse o meu dinheiro? Com que direito o senhor me propõe uma redução no capital que eu lhe emprestei?

**O CLIENTE** (*desnorteado*) Eu já paguei duas vezes...

**ABELARDO I** Suma-se daqui! (*levanta-se*) Saia ou chamo a polícia. É só dar o sinal de crime neste aparelho. A polícia ainda existe...

**O CLIENTE** Para defender os capitalistas! E os seus crimes!

**ABELARDO I** Para defender o meu dinheiro. Será executado hoje mesmo. (*toca a campainha*) Abelardo! Dê ordens para executá-lo! Rua! Vamos. Fuzile-o. É o sistema da casa.

**O CLIENTE** Eu sou um covarde! (*vai chorando*) O senhor abusa de um fraco, de um covarde!

*Menos o Cliente*

**ABELARDO I** Não faça entrar mais ninguém hoje, Abelardo.

**ABELARDO II** A jaula está cheia... seu Abelardo!

**ABELARDO I** Mas esta cena basta para nos identificar perante o público. Não preciso mais falar com nenhum dos meus clientes. São todos iguais. Sobretudo não me traga pais que não podem comprar sapatos para os filhos...

**ABELARDO II** Esse está se queixando de barriga cheia. Não tem prole numerosa. Só uma filha... Família pequena!

**ABELARDO I** Não confunda, seu Abelardo! Família é uma coisa distinta. Prole é de proletário. A família requer a propriedade e vice-versa. Quem não tem propriedades deve ter prole. Para trabalhar, os filhos são a fortuna do pobre...

**ABELARDO II** Mas hoje ninguém mais vai nisso...

**ABELARDO I** É a desordem social, o desemprego, a Rússia! Esse homem possuía uma casinha. Tinha o direito de ter uma família. Perdeu a casa. Cavasse prole! Seu Abelardo, a família e a propriedade são duas garotas que frequentam a mesma *garçonnière*, a mesma farra... quando o pão sobra... Mas quando o pão falta, uma sai pela porta e a outra voa pela janela...

**ABELARDO II** A família é o ideal do homem! A propriedade também. E d. Heloísa é um anjo!

**ABELARDO I** Você sabe que não há outro gênero no mercado. Eu não ia me casar com a irmã mais moça que chamam por aí de garota da crise e de João dos Divãs. Nem com o irmão menor que todo mundo conhece por Totó Fruta-do-Conde!

**ABELARDO II** Um degenerado...

**ABELARDO I** Coisas que se compreendem e relevam numa velha família! Heloísa, apesar dos vícios que lhe apontam... Você sabe, toda a gente sabe. Heloísa de Lesbos! Fizeram piada quando comprei uma ilha no Rio, para nos casarmos. Disseram que era na Grécia. Apesar disso, ela ainda é a flor mais decente dessa velha árvore bandeirante. Uma das famílias fundamentais do Império.

**ABELARDO II** O velho está de tanga. Entregou tudo aos credores.

**ABELARDO I** Que importa? Para nós, homens adiantados que só conhecemos uma coisa fria, o valor do dinheiro, comprar esses restos de brasão ainda é negócio, faz vista num país medieval como o nosso! O senhor sabe que São Paulo só tem dez famílias?

**ABELARDO II** E o resto da população?

**ABELARDO I** O resto é prole. O que eu estou fazendo, o que o senhor quer fazer é deixar de ser prole para ser família, comprar os velhos brasões, isso até parece teatro do século XIX. Mas no Brasil ainda é novo.

**ABELARDO II** Se é! A burguesia só produziu um teatro de classe. A apresentação da classe. Hoje evoluímos. Chegamos à espinafração.

**ABELARDO I** Bem. Veja o *bordereau*... O Banco devolveu muita coisa?

**ABELARDO II** Xu! Um colosso! Estamos no vinagre, seu Abelardo!

**ABELARDO I** Vamos...

**ABELARDO II** (*lendo*) Cinco contos setecentos e setenta. Dr. Carlos Magalhães de Moraes Benevides Fonseca. Chapa única... Reforma-se? Não paga juros há dois meses.

**ABELARDO I** Reforma-se.

**ABELARDO II** Antunes & Lapa... três contos... já protestei. Mangioni... Luiz. O bicheiro... Dr. João Carlos de Menezes Rocha... dois contos...

**ABELARDO I** Pro protesto.

**ABELARDO II** Barão de Gama Lima, quinhentos mil-réis...

**ABELARDO I** Pro protesto!

**ABELARDO II** Moura Melo... setecentos mil-réis.

**ABELARDO I** Pro protesto!

**ABELARDO II** Abraão Calimério... dez contos.

**ABELARDO I** Pro protesto!

**ABELARDO II** Carlos Peres... Esta já foi pro pau ontem...

**ABELARDO I** Ele não pediu reforma?

**ABELARDO II** Não.

**ABELARDO I** E por quê?

**ABELARDO II** Tomou dois copos de limonada com iodo. Está aqui no jornal. (*procura*) Diz que está em estado de coma, na Santa Casa...

**ABELARDO I** Mande o Benvindo fazer a penhora. Depressa. Antes que ele morra e a venda feche...

**ABELARDO II** Está certo. Esta é... daquele funcionário público, o Pires Limpo... Ele está limpo e de pires! Mandou a filha aqui.

**ABELARDO I** Bonita?

**ABELARDO II** Pancadão! Dezoito anos... Cada dente deste tamanho.

**ABELARDO I** Mandou a filha? O mês passado veio a mulher.

**ABELARDO II** Eu vi. Jeitosa... Mas muito faladeira. Queria saber onde é que o senhor morava, falou na compra da ilha no Rio, onde o senhor vai se casar. Que ia levar de avião uma porção de gente de São Paulo.

**ABELARDO I** (*batendo o pé numa grande caixa de papelão*) Que é isto aqui?

**ABELARDO II** Fôrmas de chapéu. (*mostra o castiçal de latão*) A penhora de Mme. Lanale. Só tinha isso e aquele candelabro. Quase que não dá para pagar os tiras que ajudaram.

**ABELARDO I** E os móveis...

**ABELARDO II** Ficaram despedaçados na rua. Eram duas peças velhas, de ferro. Foi um escândalo. O estado-maior teve que agir duro. O povo queria se opor. Juntou gente...

**ABELARDO I** Que estado-maior?

**ABELARDO II** Os oficiais de justiça...

**ABELARDO I** Mas o exemplo ficou!

**ABELARDO II** E frutificará.

**ABELARDO I** A rua inteira sabe que penhorei porque não me pagaram 200$000. A cidade inteira sabe. Talvez gastasse mais nisso... Que importa? *Dura Lex*, aprendi isso na Faculdade de Direito!

**ABELARDO II** Queria que o senhor visse a choradeira! A viúva berrava na janela: — *Gli orfani! Gli orfani! Non abiamo piu lavoro!*

**ABELARDO I** O quê?

**ABELARDO II** Ela queria dizer que os órfãos não tinham mais o que comer. Tiramos os instrumentos de trabalho.

**ABELARDO I** Manhosa...

**ABELARDO II** Só se pode prosperar à custa de muita desgraça. Mas de muita mesmo...

**ABELARDO I** Se não for assim como garantirei os meus depositantes? Se não tiro do outro lado? Ofereço juros que os bancos não pagam. Os juros que só alguns pagavam nos bons tempos. Quatro e até cinco por cento ao ano!

**ABELARDO II** Também o dinheiro corre para aqui!... Lá embaixo a seção bancária está assim!

**ABELARDO I** Ofereço boas garantias. E também exijo boas garantias, quando empresto...

**ABELARDO II** A cinco e dez por cento ao mês... Por filantropia! (*o telefone*) É seu irmão.

**ABELARDO I** Meu advogado.

**ABELARDO II** (*no fone*) Sim senhor. Está. (*para Abelardo*) Diz que entrou no Fórum com três executivos. Está chamando o senhor...

**ABELARDO I** (*ao fone*) Como? Sou eu... Abelardo. O Teodoro? Quer se prevalecer da lei de usura! Grande besta! E pede reforma! Linche esse camarada. Ponha flite nele e acenda um fósforo! (*bate o fone*) Pro pau com esse bandido! Lei contra a usura! Miseráveis! Bolchevistas! Por isso é que o país se arruína. E há um miserável que quer se aproveitar dessa iniquidade.

**ABELARDO II** Leis sociais...

**ABELARDO I** Súcia de desonestos. Intervir nos juros. Cercear o sagrado direito de emprestar o meu dinheiro à taxa que eu quiser! E que todos aceitam. Mais! Que vêm implorar aqui! Sou eu que vou buscá-los para assinar papagaios? Ou são eles que todos os dias enchem a minha sala de espera? Abra a jaula!

*Abelardo II obedece de chicote em punho. A porta de ferro corre pesadamente.*

*Mais clientes*

*Os clientes aparecem atropeladamente nas grades. É uma coleção de crise, variada, expectante. Homens e mulheres mantêm-se quietos ante o enorme chicote de Abelardo II.*

**ABELARDO I** Rua! Nem mais um negócio! Vou fechar esta bagunça.

**AS VOZES** (*da jaula*) Pelo amor de Deus! Por caridade! Eu não posso pagar o aluguel! Reforme! Vou à falência!

**ABELARDO I** Rua! Ninguém mais pode trabalhar num país destes! Com leis monstruosas!

**AS VOZES** Eu tenho que fechar a fábrica! Não poderei pagar os duzentos operários que ficarão sem pão! Tenha piedade! Inclua os juros no capital! Damos excelentes garantias!

**ABELARDO I** (*a Abelardo II*) Feche esta porta! Não atendo ninguém!

*Abelardo II faz estalar o chicote de domador*

**AS VOZES** Blefaremos o governo! Me salve! Me salve!

**ABELARDO I** Rua! Canalhas! Lá fora sei como vocês me tratam!

*Abelardo II fá-los recuar das grades, brandindo o chicote e ameaçando com o revólver*

**UMA VOZ DE MULHER** Ai Jesus! Não temos o que comer! Eu não saio daqui! Espero até à noite! Estou arruinada!

**AS VOZES IRRITADAS** (*Abelardo II procura fechar a porta de ferro*) Canalha! Sujo! Tirou o nosso sangue! Ladrão! Não saímos daqui!

**UM ITALIANO** Pamarona! Momanjo isto capitalista!

**UMA FRANCESA** Sale cochon! Si c'est possible! Con!

**UM RUSSO BRANCO** Svoloch!

**UM TURCO** Jóge paga batéca! Non izacuta Jóge...

**AS VOZES** (*em coro*) Assassino!

**ABELARDO I** Feche! Atire!

*Abelardo II dá um tiro para o ar. Os clientes recuam gritando. Ele corre a porta de ferro ruidosamente.*

**AS VOZES** (*abafadas*) Cão! Rei da Vela! Pão-duro!

**UMA VOZ DE MULHER** (*gritando do outro lado da porta*) Meu marido bebeu estricnina!

**OUTRA** Minha mãe tomou lisol!

**OUTRA** Meu pai se jogou do viaduto!

**ABELARDO I** Lisol! Estricnina! Viaduto! É do que vocês precisam, canalhas!

*Menos o Cliente*

*Telefone*

**ABELARDO II** (*atendendo*) Alô! É o padre! Aquele da entrevista! Está, reverendo! Vem já...

**ABELARDO I** Mas você marcou?

**ABELARDO II** Não marquei nada.

**ABELARDO I** (*toma o fone*) Bom dia, reverendo! Sou eu mesmo. Abelardo... Ah! Com muitíssima honra... Esperarei vossa reverendíssima. Pode ser às quatro horas? Então... sem dúvida... Beijo-lhe as mãos! Sempre às suas ordens. (*depõe o fone*) Este padre é engraçado... Não me larga... Eu não sou eleitor... Ele não quer dinheiro...

**ABELARDO II** Quer a sua alma...

**ABELARDO I** Evidentemente é um caso raro. Um homem preocupar-se comigo sem ser logo à vista... Quanto?

**ABELARDO II** Ele prefere tratar desde já do seu testamento.

**ABELARDO I** Inútil. Eu morro ateu e casado.

**ABELARDO II** É isso mesmo que ele quer. A viúva cuidará bastante de sua alma que terá ido... para o purgatório...

**ABELARDO I** Diga-me uma coisa, seu Abelardo, você é socialista?

**ABELARDO II** Sou o primeiro socialista que aparece no Teatro Brasileiro.

**ABELARDO I** E o que é que você quer?

**ABELARDO II** Sucedê-lo nessa mesa.

**ABELARDO I** Pelo que vejo o socialismo nos países atrasados começa logo assim... Entrando num acordo com a propriedade...

**ABELARDO II** De fato... Estamos num país semicolonial...

**ABELARDO I** Onde a gente pode ter ideias, mas não é de ferro.

**ABELARDO II** Sim. Sem quebrar a tradição.

**ABELARDO I** Se for preciso, o padre leva a sua alma também... Está certo... Vamos examinar aquelas propostas. (*senta-se e lê*) Carmo Belatine...

**ABELARDO II** É aquele da fábrica de salsichas... O frigorífico... Que comprou o terreno da Lapa.

**ABELARDO I** Idade?

**ABELARDO II** Trinta e nove anos.

**ABELARDO I** Nível de vida?

**ABELARDO II** Nível baixo ainda. Faz a barba na terrina da sopa, com sabão de cozinha e gilete de segunda mão...

**ABELARDO I** Já fala o português?

**ABELARDO II** Ainda atrapalha.

**ABELARDO I** Gasta menos do que tira dos trabalhadores?

**ABELARDO II** Muito menos!

**ABELARDO I** Tem filhos grandes?

**ABELARDO II** Pequenos ainda.

**ABELARDO I** Em bons colégios?

**ABELARDO II** Sim. Oiseaux, Sion, São Bento.

**ABELARDO I** Bem. Tome nota. Emprestamos enquanto os pequenos estudarem. Quando as filhas começarem o serviço militar nas *garçonnières*, e o pequeno tiver barata, e Madame souber se vestir, emprestaremos então de preferência à costureira de Madame. O velho aí terá mudado de nível. Possuirá automóvel, casa no Jardim América. Cessaremos pouco a pouco todo o crédito. Nem mais um papagaio! Ele virá aqui caucionar os títulos dos comerciantes a quem fornece. Executarei tudo um dia. Levarei a fábrica, os capitais imobilizados e o ferro-velho à praça.

**ABELARDO II** E a mulher dirá que foram os operários que os arruinaram.

**ABELARDO I** E foram de fato. Eu conto como fator essencial dessas coisas as exigências atuais do operariado. O salário mínimo. As férias. Que diabo. As tais leis sociais não hão de ser só contra o capital...

**ABELARDO II** Não são não. Descanse. Eu entendo de socialismo. Olhe. A lei de férias só deu um resultado. Não há mais salário de semana ou de mês. É por dia de trabalho, ou por contrato. Somando bem, os domingos, feriados e dias de doença eram mais que as férias de hoje.

**ABELARDO I** Bem. Guarde esta ficha nos Firmes. Feche o negócio. A mesma taxa. O sistema da casa. Chame a Secretária n° 3. Quero ditar uma carta.

*Abelardo II sai*

*Abelardo I e a Secretária n° 3*

**A SECRETÁRIA** (*é uma moça, longa, de óculos e tranças enormes e loiras. Veste-se pudicamente. Traz lápis e* blocknotes *na mão*) É para bater à máquina, seu Abelardo?

**ABELARDO I** Não. Para estenografar. Nem isso. A senhora sabe redigir. Melhor do que eu. Faça uma carta. Sente-se aí. (*sentam-se perto um do outro*) D. Aída... Aída loira... Aída de Wagner. Como é? Não precisa de um Radamés?

**A SECRETÁRIA** Preciso que o senhor melhore o meu ordenado. O custo da vida aumentou no Brasil de trinta por cento.

**ABELARDO I** Tenho todo interesse pelo custo de sua vida... Mas a senhora sabe... As vidas hoje estão difíceis para todos... Não é mais como antigamente... Que tranças!... Eu acabo me enforcando nessas tranças!... Deixa? (*procura tocar-lhe os cabelos*)

**A SECRETÁRIA** Tenha modos, seu Abelardo!

**ABELARDO I** Deixa? Malvada!

**A SECRETÁRIA** Nunca. Eu sou romântica. Não vendo o meu amor!

**ABELARDO I** Vamos fazer um piquenique... (*aponta o divã sob a* Gioconda) Debaixo daquela mangueira?

**A SECRETÁRIA** Eu sou noiva.

**ABELARDO I** Eu também.

**A SECRETÁRIA** Mas eu sou fiel...

**ABELARDO I** Bem! Depois não venha fazer vales aqui, hein. Eu também sei ser fiel ao sistema da casa. Vá lá. Redija! Não.

Tome nota. Olhe. É uma carta confidencial. A um tal Cristiano de Bensaúde. Industrial no Rio. Metido a escritor. Redija sem erros de português. O homem foi crítico literário e avançado, quando era pronto... Ele me escreveu propondo frente única contra os operários. Responda em tese (*a secretária toma nota*), insinue que é melhor ele ser um puro policial. Manter vigilância rigorosa nas fábricas. Evitar a propaganda comunista. Denunciar e perseguir os agitadores. Prender. Esse negócio de escrever livros de sociologia com anjos é contraproducente. Ninguém mais crê. Fica ridículo para nós, industriais avançados. Diante dos americanos e dos ingleses. Olhe, diga isto. Que a burguesia morre sem Deus. Recusa a extrema-unção. Cite o exemplo do próprio Vaticano. Coisas concretas. A adesão política da igreja contra um bilhão e setecentos milhões de liras, o ensino religioso e a lei contra o divórcio. Toma lá, dá cá. Não vê que um alpinista como Pio xi põe anjos em negócios. Vá redigir e traga logo. Para seguir hoje... Ver se esse homem deixa de atrapalhar. Um sujeito feudal. Vítima do seu próprio sistema. Paga um salário medieval, 20$000 por quinzena.

**A SECRETÁRIA** (*voltando-se da porta*)  Ga-ra-nhão! (*sai esbarrando em Heloísa de Lesbos que, vestida de homem, entra como a manhã lá de fora*)

*Menos a Secretária, mais Heloísa*

**ABELARDO I** (*rindo*)  Você! Meu amor! Na hora do expediente!

**HELOÍSA**  O nosso casamento é um negócio...

**ABELARDO I**  Por isso vieste de Marlene?

**HELOÍSA**  Mas não há de ser um negócio como esses que você faz com esse bando de desesperados que saiu daí vociferando... Estão ainda muitos lá embaixo. Há mulheres idosas, moças, turcos, italianos, russos de prestação, uma fauna de hospício...

**ABELARDO I** Ingratos! Matei-lhes a fome! Dei-lhes ilusões!

**HELOÍSA** E agora os tratas assim!

**ABELARDO I** Para te dar uma ilha. Uma ilha para você só!

*Mais Abelardo II*

**ABELARDO II** (*entrando*) Há um aí que não quer sair. Está resistindo. É cliente novo.

**ABELARDO I** Quem é?

**ABELARDO II** Um intelectual. Diz que não sai sem vê-lo. Quer fazer a sua biografia, ilustrada. Com fotografias. Diz que dará um bom livro. Grosso!

**ABELARDO I** Mande entrar. Quero vê-lo.

*Mais o Intelectual Pinote*

**PINOTE** (*entra de chapéu de poeta na mão. Uma gravata lírica. Sorrindo. Mesuras. Traz uma faca enorme de madeira como bengala*) Bom dia, mestre.

**HELOÍSA** (*dá um grito lancinante*) Ai! A faca!

**ABELARDO I** Desarme esse homem! Ora essa! (*Abelardo II atira--se sobre o Intelectual e arranca-lhe a faca simbólica*) Deixar entrar gente com armas aqui!

**PINOTE** (*escusando-se humildemente*) É inofensiva... de pau!

**ABELARDO I** Confesse que o senhor planejou um atentado! Confesse!

**PINOTE** Absolutamente! Por quem o senhor está me tomando. É uma faca profissional, inofensiva, não mata...

**ABELARDO II** (*examinando*) Está cheia de sangue... sangue coagulado...

**PINOTE** Umas facadinhas... para comer... (*a um gesto de Abelardo I, senta-se. Abelardo II permanece ao fundo, segurando com as* *duas mãos a faca em horizontal, como um servo antigo)* A crise é que obriga... Mas não sou nenhum gângster, não. Eu sou biógrafo. Vivo da minha pena. Não tenho mais idade para cultivar o romance, a poesia... O teatro nacional virou teatro de tese. E eu confesso a minha ignorância, não entendo de política. Nem quero entender...

**ABELARDO I** É um revoltado?

**PINOTE** Absolutamente não! Fui no colégio. Hoje sou quase um conservador! O que me falta é convicção.

**ABELARDO I** Tem veleidades sociais... quero dizer, bolchevistas?...

**PINOTE** Não senhor! Olhe, tenho até nojo de gente baixa... gente de trabalho... não vai comigo!

**ABELARDO I** Muito bem!

**PINOTE** Gente que cheira mal...

**HELOÍSA** Ninguém dá sabão a eles para se lavarem.

**ABELARDO II** Nem pão, quanto mais sabonete...

**ABELARDO I** *(tranquilizando Pinote que se voltou)* Não se incomode. Ele é socialista. Mas moderado, de faca também. *(sorriso dos dois)* Mas afinal, qual é o gênero literário que cultiva, meu amigo?

**PINOTE** Os grandes homens! Pretendo fazer como Ludwig. Escrever as grandes vidas! Não há mais nobre missão sobre o planeta! Os heróis da época.

**ABELARDO I** Pode ser também extremamente perigoso. Se nas suas biografias exaltar heróis populares e inimigos da sociedade. Imagine se o senhor escreve sobre a revolta dos marinheiros pondo em relevo o João Cândido... ou algum comunista morto num comício!

**PINOTE** Não há perigo. A polícia me perseguiria.

**ABELARDO I** É então um intelectual policiado...

**PINOTE** Faço questão de manter uma atitude moderada e distinta!

**ABELARDO I** Já publicou alguma coisa?

**PINOTE** Já. Um livrinho! A vida de Estácio de Sá. Não saiu muito bem. Mas estou fazendo outro... Vai sair melhor...

**ABELARDO I** A vida de Carlos Magno?...

**PINOTE** Não. De Pascoal Carlos Magno. Uma coisa inofensiva...

**HELOÍSA** Então os seus livros podem ser lidos por moças...

**PINOTE** Decerto! Eu quero ser um Delhi social! Entenderam?

**ABELARDO I** Perfeitamente! Uma literatura bestificante. Iludindo as coitadinhas sobre a vida. Transferindo as soluções da existência para as soluções "no livro" ou "no teatro". Freud...

**PINOTE** Oh! Freud é subversivo...

**ABELARDO I** Um bocadinho. Mas olhe que se não fosse ele, nós estávamos muito mais desmascarados. Ele ignora a luta de classes! Ou finge ignorar. É uma grande coisa!

**HELOÍSA** Distrai muito, quando a gente é emancipada. (*tira um cigarro e fuma*)

**PINOTE** Eu prefiro as vidas!

**ABELARDO I** Não pratica a literatura de ficção?...

**PINOTE** No Brasil isso não dá nada!

**ABELARDO I** Sim, a de fricção é que rende. É preciso ser assim, meu amigo. Imagine se vocês que escrevem fossem independentes! Seria o dilúvio! A subversão total. O dinheiro só é útil nas mãos dos que não têm talento. Vocês escritores, artistas, precisam ser mantidos pela sociedade na mais dura e permanente miséria! Para servirem como bons lacaios, obedientes e prestimosos. É a vossa função social!

**HELOÍSA** Faz versos?

**PINOTE** Sendo preciso... Quadrinhas... Acrósticos... Sonetos... Reclames.

**HELOÍSA** Futuristas?

**PINOTE** Não senhora! Eu já fui futurista. Cheguei a acreditar na independência... Mas foi uma tragédia! Começaram a me tratar de maluco. A me olhar de esguelha. A não me receber mais. As crianças choravam em casa. Tenho três filhos. No jornal também não pagavam, devido à crise. Precisei viver de bicos. Ah! Reneguei tudo. Arranjei aquele instrumento (*mostra a faca*) e fiquei passadista.

**ABELARDO I** Mas qual é a sua cor política nestes agitados dias de debate social?

**PINOTE** Eu tenho uma posição intermediária, neutra... Não me meto.

**ABELARDO I** Neutra! É incompreensível! É inadmissível! Ninguém é neutro no mundo atual. Ou se serve os de baixo...

**PINOTE** Mas com que roupa?

**ABELARDO I** Sirva então francamente os de cima. Mas não é só com biografias neutras... Precisamos de lacaios...

**PINOTE** É! Mas dizem por aí que a Revolução Social está próxima. Em todo o mundo. Se a coisa virar?

**ABELARDO I** Será fuzilado com todas as honras. É preferível morrer como inimigo do que como adesista.

**PINOTE** E a minha família... As três crianças?

**ABELARDO I** (*levanta-se furioso*) Saia já daqui! Vilão! Oportunista! Não leva nem dez mil-réis, creia! A minha classe precisa de lacaios. A burguesia exige definições! Lacaios, sim! Que usem fardamento. Rua!

*Abelardo II entrega a faca ao Intelectual que sai penosamente. Retira-se depois.*

*Menos o Intelectual Pinote e Abelardo II*

**HELOÍSA** Coitado!

**ABELARDO I** Voltará! De camisa amarela, azul ou verde. E de alabarda. E ficará montando guarda à minha porta! E me defenderá com a própria vida, da maré vermelha que ameaça subir, tomar conta do mundo! O intelectual deve ser tratado assim. As crianças que choram em casa, as mulheres lamentosas, fracas, famintas são a nossa arma! Só com a miséria eles passarão a nosso inteiro e dedicado serviço! E teremos louvores, palmas e garantias. Eles defenderão as minhas posições e a tua ilha, meu amor!

**HELOÍSA** Ora uma ilha brasileira!... Estou quase não querendo.

**ABELARDO I** Um cais... Onde você atracou... Depois de tocar em muitas terras... ver muitas paisagens...

**HELOÍSA** O meu porto seguro...

**ABELARDO I** Um porto saneado... Com armazéns... guindastes... E uma multidão de trabalhadores para nos dar a nota...

**HELOÍSA** Em troca da minha liberdade. Chegamos ao casamento... Que você no começo dizia ser a mais imoral das instituições humanas.

**ABELARDO I** E a mais útil à nossa classe... A que defende a herança...

**HELOÍSA** Enfim... aqui estou... negociada. Como uma mercadoria valiosa... Não nego, o meu ser mal-educado nos pensionatos milionários da Suíça, nos salões atapetados de São Paulo... vivendo entre ressacas e preguiças, aventuras... não pôde suportar por mais de dois anos a ronda da miséria... (*silêncio*) E a admiração que você provocou em mim, com o seu ar calculado e frio e a sua espantosa vitória no meio da derrocada geral... O conhecimento que tive do seu cinismo e da sua indiferença diante dos sofrimentos humanos...

**ABELARDO I** Conheço uma só coisa, a realidade. E por isso subjugo você que é sonho puro...

**HELOÍSA** (*mostrando a* Gioconda) Por que você tem esse quadro aí...

**ABELARDO I** A *Gioconda*... Um naco de beleza. O primeiro sorriso burguês...

**HELOÍSA** Você é realista. E por isso enriqueceu magicamente. Enquanto os meus, lavradores de cem anos, empobreceram em dois...

**ABELARDO I** Trabalharam e fizeram trabalhar para mim milhares de seres durante noventa e oito... (*silêncio absorto*)

**HELOÍSA** Dizem tanta coisa de você, Abelardo...

**ABELARDO I** Já sei... Os degraus do crime... que desci corajosamente. Sob o silêncio comprado dos jornais e a cegueira da justiça de minha classe! Os espectros do passado... Os homens que traí e assassinei. As mulheres que deixei. Os suicidados... O contrabando e a pilhagem... Todo o arsenal do teatro moralista dos nossos avós. Nada disso me impressiona nem impressiona mais o público... A chave milagrosa da fortuna, uma chave yale... Jogo com ela!

**HELOÍSA** O pânico...

**ABELARDO I** Por que não? O pânico do café. Com dinheiro inglês comprei café na porta das fazendas desesperadas. De posse de segredos governamentais, joguei duro e certo no café-papel! Amontoei ruínas de um lado e ouro do outro! Mas, há o trabalho construtivo, a indústria... Calculei ante a regressão parcial que a crise provocou... Descobri e incentivei a regressão, a volta à vela... sob o signo do capital americano.

**HELOÍSA** Ficaste o Rei da Vela!

**ABELARDO I** Com muita honra! O Rei da vela miserável dos agonizantes. O rei da vela de sebo. E da vela feudal que nos fez adormecer em criança pensando nas histórias das negras velhas... Da vela pequeno-burguesa dos oratórios e das escritas em casa... As empresas elétricas fecharam com a crise... Ninguém mais pôde pagar o preço da luz... A vela voltou ao mercado pela minha mão previdente. Veja como eu produzo de todos os tamanhos e cores. (*indica o mostruário*) Para o Mês de Maria das cidades caipiras, para os armazéns do interior onde se vende e se joga à noite, para a hora de estudo das crianças, para os contrabandistas no mar, mas a grande vela é a vela da agonia, aquela pequena velinha de sebo que espalhei pelo Brasil inteiro... Num país medieval como o nosso, quem se atreve a passar os umbrais da eternidade sem uma vela na mão? Herdo um tostão de cada morto nacional!

**HELOÍSA** (*sonhando*) Meu pai era o coronel Belarmino que tinha sete fazendas, aquela casa suntuosa de Higienópolis... ações, automóveis... Duas filhas viciadas, dois filhos tarados... Ficou morando na nossa casinha da Penha e indo à missa pedir a Deus a solução que os governos não deram...

**ABELARDO I** Que não deram aos que não podem viver sem empréstimos.

**HELOÍSA** Meus pais... meus tios... meus primos...

**ABELARDO I** Os velhos senhores da terra que tinham que dar lugar aos novos senhores da terra!

**HELOÍSA** No entanto, todos dizem que acabou a época dos senhores e dos latifúndios...

**ABELARDO I** Você sabe que o meu caso prova o contrário. Ainda não tenho o número de fazendas que seu pai tinha, mas já possuo uma área cultivada maior que a que ele teve no apogeu.

**HELOÍSA** Há dez anos... A saca de café a duzentos mil-réis!

**ABELARDO I** Estamos de fato num ponto crítico em que podem predominar aparentemente e em número, as pequenas lavouras. Mas nunca como potência financeira. Dentro do capitalismo, a pequena propriedade seguirá o destino da ação isolada nas sociedades anônimas. O possuidor de uma é um mito econômico. Senhora minha noiva, a concentração do capital é um fenômeno que eu apalpo com as minhas mãos. Sob a lei da concorrência, os fortes comerão sempre os fracos. Desse modo é que desde já os latifúndios paulistas se reconstituem sob novos proprietários.

**HELOÍSA** Formidável trabalho o seu!

**ABELARDO I** Não faça ironia com a sua própria felicidade! Nós dois sabemos que milhares de trabalhadores lutam de sol a sol para nos dar farra e conforto. Com a enxada nas mãos calosas e sujas. Mas eu tenho tanta culpa disso como o papa-níqueis bem colocado que se enche diariamente de moedas. É assim a sociedade em que vivemos. O regímen capitalista que Deus guarde...

**HELOÍSA** E você não teme nada?

**ABELARDO I** Os ingleses e americanos temem por nós. Estamos ligados ao destino deles. Devemos tudo, o que temos e o que não temos. Hipotecamos palmeiras... quedas de água. Cardeais!

**HELOÍSA** Eu li num jornal que devemos só à Inglaterra trezentos milhões de libras, mas só chegaram até aqui trinta milhões...

**ABELARDO I** É provável! Mas compromisso é compromisso! Os países inferiores têm que trabalhar para os países superiores como os pobres trabalham para os ricos. Você acredita que New York teria aquelas babéis vivas de arranha-céus e as vinte mil pernas mais bonitas da Terra se não se trabalhasse para Wall Street de Ribeirão Preto a Cingapura, de Manaus à Libéria? Eu sei que sou um simples feitor do capital estrangeiro. Um lacaio, se quiserem! Mas não me queixo. É por isso que possuo uma lancha, uma ilha e você...

*Mais Abelardo II*

**ABELARDO II** (*entrando*) Perdão! Está aí o Americano!... (*retira-se*)

*Menos Abelardo II*

**ABELARDO I** (*a Heloísa*) Chegou a sua vez de sair, meu bem!

**HELOÍSA** Como?

**ABELARDO I** Devo a esse homem...

**HELOÍSA** Adeus!

**ABELARDO I** Podes passar por esta porta! Não faz mal que ele te veja sair... (*gesto evasivo de Heloísa*) Pelo contrário. Estás linda...

**HELOÍSA** Sim, adeus!

**ABELARDO I** Perguntará quem és... (*Heloísa sai. Só, no meio da cena, Abelardo curva-se até o chão diante da porta aberta*) Faça o favor de entrar, Mister Jones! *Come back!*

**TELA**

# 2º ATO

UMA ILHA TROPICAL *na baía de Guanabara, Rio de Janeiro. Duran-*
*te o ato pássaros assoviam exoticamente nas árvores brutais. Sons*
*de motor. O mar. Na praia ao lado, um avião em repouso. Barraca.*
*Guarda-sóis. Um mastro com a bandeira americana. Palmeiras.*
*A cena representa um terraço. A abertura de uma escada ao fundo*
*em comunicação com a areia. Platibanda cor de aço com cáctus*
*verdes e coloridos em vasos negros. Móveis mecânicos. Bebidas e*
*gelo. Uma rede do Amazonas. Um rádio. Os personagens se vestem*
*pela mais furiosa fantasia burguesa e equatorial. Morenas semi-*
*nuas. Homens esportivos, hermafroditas, menopausas.*

*Com o pano fechado, ouve-se um toque vivo de corneta. A cena*
*conserva-se vazia um instante. Escuta-se o motor de uma lancha*
*que se aproxima.*

*Pela escada, ao fundo, surgem primeiramente, em franca*
*camaradagem sexual, Heloísa e o Americano. Saem pela direita.*
*Depois Totó Fruta-do-Conde, tétrico. Sai. Em seguida, d. Poloca e*
*João dos Divãs. Saem. Depois o velho coronel Belarmino, fuman-*
*do um mata-rato de palha e vestido rigorosamente de golfe. Sai.*
*Segue-se-lhe um par cheio de vida: d. Cesarina, abanando um*
*leque enorme de plumas em maiô de Copacabana e Abelardo I com*
*calças cor de ovo e camiseta esportiva. Permanecem em cena.*

*Abelardo 1 e d. Cesarina*

**ABELARDO 1**  Pronto! Arribamos. (*deposita-a na rede*) É uma lancha que chega. Deve ser o seu filho, o Perdigoto. Na Europa é assim. Toca-se sempre corneta quando chega uma lancha! A bandeira americana é uma homenagem. Indica almirante a bordo! O Americano nosso hóspede...

**D. CESARINA**  Pois é. Eu disse para o Belarmino. Nunca na minha vida tomei um sorvete daqueles! Uma delícia! Só mesmo um futuro genro distinto e rico como o senhor havia de me oferecer um sorvete daqueles. Como é que se chama?

**ABELARDO 1**  É Banana Real!

**D. CESARINA**  O Totó é que se lambeu! Coitado! Está num desgosto...

**ABELARDO 1**  É verdade! O Totó está de asa partida! Mas endireita, tomando Banana Real!

**D. CESARINA**  Também. Quebrar uma amizade de três anos. Eram como dois irmãos... Ele e o Godofredo viviam no mesmo quarto. Por essas e por outras é que eu não gosto de me iludir. Os seus galanteios...

**ABELARDO 1**  Os meus galanteios são sinceros... senhora minha futura sogra... Quem manda se vestir assim, com esse maiô jararaca! Qual é o santo que resiste? Olhe, é sério, sério demais!

**D. CESARINA**  Quer me deixar mais zangada ainda... Mais triste do que ontem. Continua a proceder mal?

**ABELARDO 1**  Mas d. Cesarina! Me acredite! Por favor!

**D. CESARINA**  Mentiroso!

**ABELARDO 1**  Eu terei culpa por acaso de ser fraco? Culpa de sentir.

**D. CESARINA**  Não é isso...

**ABELARDO 1**  Mas que é então...

**D. CESARINA** Tenho um pressentimento... O medo de não ser compreendida!

**ABELARDO I** Mas que tem! Por que não sorri mais e exala esse perfume de rosas murchas? Banca um cemitério entre ciprestes!...

**D. CESARINA** É para onde eu acabo indo por sua causa...

**ABELARDO I** Dou a César o que é de César. Ou melhor a Cesarina o que é de Cesarina...

**D. CESARINA** O senhor está é fazendo fita! Me diga uma coisa só. Por que é que o senhor mente tanto, hein? E me atenta tanto!

**ABELARDO I** Juro!

**D. CESARINA** O senhor sabe que eu não posso beber champanhe. Outra noite, quando dançamos aquele foxtrote me pôs na chuva, depois começou com aquelas graças e aquela imoralidade. O senhor não sabe que Deus não quer que a gente diga as coisas que não sente? Que é pecado mortal cobiçar a mulher do próximo? Vai pro inferno...

**ABELARDO I** Não. Eu já sei que vou pro purgatório...

**D. CESARINA** A gente nunca deve dizer o que não sente. É horrível ser enganada!

**ABELARDO I** E se fosse verdade! Se o meu coração se tivesse inflamado ao contágio do seu luminoso verão?

**D. CESARINA** Ora, só eu sei a idade que tenho!

**ABELARDO I** Meu Vesúvio!

**D. CESARINA** (*rindo e ameaçando*) Olhe, que eu ainda acendo...

*Mais Totó*

**TOTÓ FRUTA-DO-CONDE** (*aparece à direita com uma vara de pescar e um saco de bombons na mão, absorto e pesaroso*) Eu sou uma fracassada!

**D. CESARINA** Meu filhinho, venha cá. Benzinho do meu coração!

**TOTÓ** Não quero. (*bate o pé*) Não quero. Me deixe!

**D. CESARINA** Mas venha aqui, Totó. Venha conversar com sua mãezinha! Há quanto tempo você não me beija?

**TOTÓ** Não quero, não quero, não quero!

**D. CESARINA** O que que você vai fazer?

**TOTÓ** Não está vendo? Pescar nos penhascos. É o meu destino!

**ABELARDO I** Cuidado com essa praia! Tem cada bagre!

**TOTÓ** Deus o ouça! (*aproxima-se e faz festas*) Meu futuro irmão. Que boas cores! Que idade o senhor tem, hein? Sabe qual é a luva da moda? Eu agora vou dar bombons aos bagres. É servido?

**ABELARDO I** Eh! Obrigado, amigo! Não gosto desses peixes, não. Nem de bombons! Mas que família!

**D. CESARINA** Me dê um beijinho, Totó!

**TOTÓ** (*indo pela escada do fundo*) Não dou! Não dou! Não dou!

*Menos Totó*

**D. CESARINA** Ah! Coitado. Depois que ele brigou com o Godofredo está outro... Magro. Enfastiado...

**ABELARDO I** Compreendo. Essas rupturas são dolorosas... (*tomando o leque sobre a mesa*) Mas que lindo leque...

**D. CESARINA** (*silêncio. Retoma o leque. Cena muda*) Me dê o leque que guarda como um cofre as suas palavras ardentes... do baile...

**ABELARDO I** Que guarda a mais terrível e secreta das confissões...

**D. CESARINA** Me diga uma coisa, seu Abelardo, o senhor não tem ciúmes?

**ABELARDO I** (*surpreso*) Ora essa!

**D. CESARINA** Aquele alemão!

**ABELARDO I** Alemão? Americano. Americano e banqueiro!

**D. CESARINA** Ele anda com uns brinquedos brutos com a Heloísa!

**ABELARDO I** Ah! É boxe. Ela está aprendendo a jogar boxe. De vez em quando uns golpes de luta livre... Ele é campeão de tudo isso em Nova York, Wall Street!

**D. CESARINA** Pois olhe, seu Abelardo. Eu ficaria roída se alguém que eu amo tivesse aquelas liberdades com um estranho.

**ABELARDO I** Mas d. Cesarina! Eu me prezo de ser um homem da minha época! A senhora quer que eu perca tempo em ter ciúmes? (*imita dramaticamente um casal em choque*) Diga, Heloísa! Quem era aquele homem? — Eu fui lá só para dar um recado. — Foste lá! Confessas! Entraste naquela casa, naquele antro! Traíste-me, perjura! — Ah! Meu amor, que desconfiança também, que injustiça! Um homem feio daquele! Eu fui lá só por causa do recado! — Maldita! Pum! Pum! (*ri*) Oh! Oh! Ah! É isso? Essa ridicularia que divertiu e ensanguentou gerações de idiotas. É isso... O ciúme!

**D. CESARINA** (*levantando-se*) Pois se o senhor não tem vergonha, seu Abelardo, eu tenho! Olhe este leque! Este leque ainda é capaz de fazer muito estrago! (*deixa a rede*)

**ABELARDO I** Compreendo! É o leque de Lady Windermere!

**D. CESARINA** Seu Abelardo, não me olhe assim! Eu sou ligada pelo mais doce dos sacramentos ao mais digno dos esposos. Não! Nunca! A vida de uma esposa tem que ser uma renúncia, um sacrifício, uma purificação! Por mais dolorosa...

*Mais d. Poloca*

**D. POLOCA** (*surgindo na escada*) Aí hein? Que lindo par...

**D. CESARINA** Com licença. Eu vou fazer servir os rabigalos.

**ABELARDO I** Rabigalos?

**D. CESARINA** É a tradução de *cocktail* feita pela Academia de Letras! (*sai*)

*Menos d. Cesarina*

**D. POLOCA** (*aproxima-se*) Dando em cima da sogra!

**ABELARDO I** Que é isso, d. Poloca? Bancando a polícia especial?

**D. POLOCA** Ouvi tudo!

**ABELARDO I** Pois ouviu mal. Eu estava muito respeitosamente explicando à senhora minha futura mãe que somos de duas gerações diferentes. Ela é um personagem do gracioso Wilde. Eu sou um personagem de Freud!

**D. POLOCA** Quê?

**ABELARDO I** A senhora não conhece Freud? O último grande romancista da burguesia?

**D. POLOCA** O senhor me empresta os romances dele? São inocentes?

**ABELARDO I** Oh! São. Não conhece *O complexo de Édipo*? É o meu caso!

**D. POLOCA** E eu, seu Abelardo? Sou personagem de quem?

**ABELARDO I** A senhora é colaboração, Castilho e Lamartine... Babo! (*cantarolando*) Aí! Hein! Pensa que eu não sei?

**D. POLOCA** (*indignada*) Pois o senhor é aquele cavalheiro dos Sinos de Corneville!

**ABELARDO I** Acertou! Por que é que a senhora há de ser tão simpática quando estamos a sós. E tão infame na frente dos outros?

**D. POLOCA** Mas como é que o senhor quer que eu proceda em sociedade?

**ABELARDO I** Quero que proceda humanamente.

**D. POLOCA** Desde quando que a humanidade é um pedaço de marmelada, seu Abelardo? Eu defendo o meu ponto de vista de tradição e de família? Intransigentemente. Sou sua melhor amiga (*carinhosa*) em segredo. Mas não posso dar confiança em público a um novo-rico, a um arrivista, a um Rei da Vela!

**ABELARDO I** E se eu a fizesse a Rainha do Castiçal?

**D. POLOCA** Prefiro ser a neta da Baronesa de Pau-Ferro. A neta pobre e inválida que sempre viveu do pão dos irmãos e cujo resto de família foi salvo por um... intruso!

**ABELARDO I** Por um intruso...

**D. POLOCA** Que nos tira da ruína mas tem que conhecer as diferenças sociais que nos separam. Tenho sessenta e dois anos. Vi as poucas famílias que restam do Império se degradarem com alianças menores. Como o meu mano que se casou com essa garça! Sei que é esse o destino da minha gente. Mas resisto e me oponho às relações fáceis e equívocas da sociedade moderna.

**ABELARDO I** Me diga uma coisa, d. Poloca, se não fosse esse avacalhamento, permita-me a expressão... É de Flaubert!

**D. POLOCA** Diga decadência. Soa melhor!

**ABELARDO I** Bem! Se não fosse essa decadência. É realmente, é mais suave. Como é que vocês, permita a expressão, comiam...

**D. POLOCA** Seu Abelardo, a gente não vive só de comida!

**ABELARDO I** Está aí um ponto em que eu discordo profundamente de Vossa Majestade! Não podemos mais nos entender. A senhora vive de aragens... Eu de bifes.

**D. POLOCA** O senhor é um burguês! Eu uma fidalga que teve a ventura de beijar as mãos de Sua Alteza a princesa Isabel, ouviu?

**ABELARDO I** Mas me diga uma coisa só, d. Polaquinha, perdão, d. Poloquinha. Em sua vida toda, tão cheia de nobreza, nunca amou um plebeu?...

**D. POLOCA** (*graciosa*) Em segredo. Mas nunca em público como essa desfrutável que Deus me deu por cunhada!

*Mais Heloísa e Joana*

**HELOÍSA** Outro flerte! Ontem era a mamãe! Hoje tia Poloca. Quantos chifres você me põe por hora, Abelardo?

**ABELARDO I** É em família. (*sentam-se rindo*) Não conta!

**HELOÍSA** Contanto que você não me engane com o Totó!

**JOÃO** O Totó é a minha diferença. Já está dando em cima do Americano! Basta a gente inventar alguém, lá vem ele! — Eu sou uma fracassada!

**ABELARDO I** Coitado! Não leva vantagem... Está de asa partida!

**JOÃO** Da outra vez também lá em São Paulo, ele tinha brigado com o Godofredo. Ficou doente de tristeza! E mesmo assim me tomou o Miguelão! Bandido!

**ABELARDO I** Mas o Americano que eu saiba aprecia o tipo másculo de Heloísa. Mister Jones é lésbico!

**JOÃO** O Americano gosta do chofer. Felizmente! Olha quem vem aí... O coronel.

**HELOÍSA** Papai!

**JOÃO** Parece o Clark Gable!

**D. POLOCA** Meu irmão está remoçando com essas roupas de carnaval!

*Mais Belarmino*

**BELARMINO** Continuo sempre a apreciar a paisagem que se descortina desta ilha encantada. Uma verdadeira ilha paradisíaca. Aliás, o Rio de Janeiro talvez seja mesmo a mais bela cidade do mundo! Deve ser! Que baía. A mais bela baía do mundo! Nem Constantinopla, nem Nápoles, nem Lisboa!

**ABELARDO I** De fato, Coronel.

**BELARMINO** Lá em cima, o Corcovado com o Cristo de braços abertos. Consola-me ver o Rio de Janeiro aos pés da cruz! O Brasil é mesmo uma terra abençoada. Temos até um cardeal! Só nos falta um Banco Hipotecário!

**ABELARDO I** Se bem que na minha opinião, o Cristo devia estar um pouco mais perto de nós. Para controlar. Ouvir as nossas queixas. Assim ele fica muito longe... lá em cima...

**HELOÍSA** Onde então Abelardo?

**JOÃO** Onde?

**ABELARDO I** Num sítio pitoresco, cá embaixo. E próximo. Assim, no Saco de São Francisco...

**BELARMINO** Muito bem pensado! No Saco de São Francisco. E junto a ele um Banco Hipotecário.

**ABELARDO I** Para quê? Não temos mais nada que hipotecar...

**BELARMINO** É verdade que já estamos muito endividados...

**ABELARDO I** De tanga... Coronel. Como na época da descoberta...

**BELARMINO** Mas me diga uma coisa, seu Abelardo, por que é que não pagamos as nossas dívidas com café. Temos dívidas. E queimamos café. Parece haver aí um mistério! Não acha?

**ABELARDO I** De fato, meu futuro sogro! Café é ouro. Ouro negro! Estamos devendo e queimando ouro! Vou perguntar a Mister Jones... Estamos no fim. Na caveira.

**BELARMINO** Um Banco Hipotecário, meu futuro genro, resolveria a crise. Mas era preciso ser um banco forte...

**ABELARDO I** Um banco americano... ou inglês...

**BELARMINO** Perfeitamente. Depois que o Império soçobrou nas mãos inábeis dos ituanos, precisamos de capital estrangeiro. Empréstimos...

**ABELARDO I** E emissões...

**BELARMINO** Emissões também. Não sou contra as emissões, senhor Abelardo! Mas sabe do que precisa o povo, de tranquilidade para trabalhar. Evidentemente. Deem-lhe tranquilidade e um Banco Hipotecário e verão os resultados...

**ABELARDO I** Os próprios bancos nacionais podiam se transformar... A carteira hipotecária de qualquer deles!

**BELARMINO** Estão arruinados, meu amigo! Arruinados! Não aguentam os fregueses antigos. Os homens honrados não arranjam lá um níquel! Não fosse a sua nobreza invulgar, tirando-me dos apuros em que estava, com aquele empréstimo... feito com garantias puramente morais! *(puxa um enorme lenço vermelho e enxuga os olhos e a barba)*

**HELOÍSA** Ora, papai!

**ABELARDO I** Por quem é. *(consternação)*

**HELOÍSA** Papai...

**BELARMINO** Minha filha, quando te casares, quero que rezes. E sejas a mãe dos pobres, a protetora dos desvalidos...

**HELOÍSA** Prometo, papai! Onde vai agora?

**BELARMINO** Andar, minha filha!

**D. POLOCA** Andar, andar é a vida a bordo! Este verso é de d. Pedro II!

**ABELARDO I** É, é! Estamos a bordo.

**BELARMINO** *(retirando-se declamatório)* Que fazem os homens novos? Que fazem os homens novos!

*Menos Belarmino*

**D. POLOCA** Os homens novos são como o senhor... um ateu! um pedreiro livre, ouviu? E esse inglês... do chofer!

**ABELARDO I** Que fim levou o Americano?

**JOÃO** Decerto caiu dentro do copo de uísque!

**ABELARDO I** Vou salvá-lo. Até já! *(sai pela direita)*

*Menos Abelardo*

**HELOÍSA** Tia Poloca está de bossa, hoje!

**D. POLOCA** Eu não digo mais, porque vivo do pão alheio. Mas no meu tempo, se escolhia. A gente não se casava com um aventureiro só porque é rico e foi aos Estados Unidos.

**JOÃO** Por isso é que a senhora é virgem até hoje!

**HELOÍSA** Com sessenta e três anos!

**JOÃO** Já fez sessenta e nove!

**D. POLOCA** Menina! Eu chamo teu pai! Vai ver coisas inocentes, anda! Vai ver o pôr do sol! Vai folhear o álbum de fotografias da família que eu trouxe! Quem sabe se os retratos dos avós te dão um pouco de vergonha! Vai ver o Perdigoto que chegou todo de soldado. Magnífico!

**JOÃO** Aquele fascista indecente!

**D. POLOCA** É o único que presta na família!

**HELOÍSA** Não amola, titia. Anda! Bestinha!

**JOÃO** Eu tenho culpa dela ser cabeçuda?

**D. POLOCA** No meu tempo, as meninas eram recatadas. Iam às novenas. Rezavam o terço. Hoje é o diabo quem manda!

**JOÃO** O diabo é o homem mais encantador do mundo. O homem da Vela... de Heloísa.

**HELOÍSA** O Rei da Vela. — Me dá um cigarro, tia.

**JOÃO** Não quero saber. A vela dele é que nos salvou.

**D. POLOCA** (*fuma com Heloísa*) Eu não gosto desse homem não. Não teme Deus. É capaz de não querer casar no religioso... Mas o Perdigoto há de obrigá-lo. Este sim é um sobrinho que vale a pena! Me ensinou a tragar.

**HELOÍSA** Casa! Ele está mudando. Me disse hoje que casa no religioso também. O cardeal virá à ilha... É uma honra! Um acontecimento!

**D. POLOCA** Bem. Mas ele não tem família.

**JOÃO** Nós temos demais. Eu não sei de nada, se não fosse ele... Depois que o Totó me tomou o Miguelão!

**D. POLOCA** Aquele turco indecente!

**JOÃO** Muito bom casamento. Palácio na avenida Paulista! Barata! Nota!

**D. POLOCA** Mas é um assassino!

**HELOÍSA** É sim, João! Matou o irmão com dezoito facadas...

**JOÃO** Mas foi absolvido pelo júri. Privação de sentidos.

**HELOÍSA** E de inteligência...

**JOÃO** Estado normal. Mas se o Totó não aparecesse ele caía. Ia me dar uma vida daqui! O Totó é um bandido! Me tomou o turco!

**HELOÍSA** Esses anfíbios!

**JOÃO** São uns miseráveis! Se não fosse o teu rei estava eu ainda gastando o meu francês de Sion nos apartamentos e nos hotéis. E rolando de barata, fazendo força contra as *midinettes*... Umas safadinhas... à toa...

**HELOÍSA** Encontrei a Mag na avenida, num luxo. Quem diria? Aquela chapeleirinha da rua da Boa Vista. Um vestido roxo batata! Alucinante!

**D. POLOCA** D. Etelvina escreveu?

**HELOÍSA** Telegrafou. Vem com os convidados amanhã. Vem esfriar! Aquela romântica. Enfim, Abelardo quer gente de raça...

**D. POLOCA** As minhas relações são sempre melhores que as suas...

**JOÃO** Outra virgem! Essa é a tal que viaja com a radiografia dos intestinos, procurando celebridades médicas para consultar!

**HELOÍSA** É sim...

**JOÃO** (*roendo a unha do polegar*) Mademoiselle Tubagem!

**HELOÍSA** D. Léa vem também amanhã... Madame La Barone de Machadô!

**D. POLOCA** Aquela polaca aqui! Cinzas!

**JOÃO** Polaca não, titia, po-lo-ne-sa! Muito distinta! O Décio foi vítima da própria ignorância em geografia. Casou com ela errado.

**HELOÍSA** Como é isso, João?

**JOÃO** Nesse tempo, essas senhoras eram todas francesas. Ele casou-se, pensando que era uma francesa de Paris. Mas ela não conhecia nem Marselha!

**HELOÍSA** A Migdal tem outros portos! Mas o essencial é que ela hoje é um pilar da sociedade. Uma filantropa. Vai à missa todo dia...

**JOÃO** Tem chelpa! (*começa a roer furiosamente a unha do polegar*)

**HELOÍSA** É da Convenção Eleitoral Feminina... Capaz de ser eleita deputada pelo partido católico...

**D. POLOCA** João, não me irrites com essa unha. (*pega-lhe no braço*)

**JOÃO** Deixa! Ui!

*Mais Abelardo e o Americano*

**ABELARDO I** Que luta romana é essa?

**JOÃO** (*debatendo-se*) É essa cabeçuda dessa titia, que não quer deixar eu ter nem um vício...

**D. POLOCA** Cala a boca! No meu tempo, as meninas só falavam depois dos dezoito anos!

**JOÃO** Uma ova. Eu sou o João dos Divãs. Não é Mister John? John and John! Marca nova de uísque.

**O BANQUEIRO** *Yes, darling! Glorious day!*

**ABELARDO I** Mas você gosta mesmo de roer unha?

**JOÃO** (*pulando, deslumbrada*) Uhm! Uma maravilha! (*continua a roer*)

**D. POLOCA** Ele chega a deixar crescer a unha, para depois passar horas roendo...

**ABELARDO I** Eu conheço uma que começou assim e acabou mastigando um balaústre!

**JOÃO** (*histérica*) Deve ser divino! Ter gosto de unha! Vou experimentar!

**HELOÍSA** (*festejando o braço do Banqueiro*) Então, Jones. Como vão os negócios de Abelardo?

**O BANQUEIRO** Finanças domina mundo. Abelardo, tem cheiro... Vai dar salto...

**ABELARDO I** No abismo...

**HELOÍSA** Dos meus braços! Diga uma coisa, Jones, por que é que o Brasil não paga as dívidas com o café que está queimando?

**O AMERICANO** No Brasil precisa aviões... Metralhatrices... Muitos...

**HELOÍSA** Mas para quê?

**O AMERICANO** Trocar por café... *Oh! Good business! Shut up!*

**ABELARDO I** É verdade! A guerra! Precisamos nos armar para a guerra...

**HELOÍSA** Mas contra quem?

**ABELARDO I** Contra qualquer pessoa! Qualquer guerra. Externa ou interna. É preciso dar emprego aos desocupados. Distrair o povo. E trocar café pelos armamentos que estão sobrando lá fora. As sobras da corrida armamentista. Você não vê logo? Ou então contra a Rússia! A Rússia está aporrinhando o mundo!

**JOÃO** (*liga o rádio. Uma valsa de Strauss amacia o ambiente*) Papagaio! Toda vida Strauss! Ora! (*vai ligar a outra estação. O rádio guincha. Abelardo intervém*)

**ABELARDO I** Não. Deixe Strauss! É o adultério! A voz mais pura do adultério... Escutem! (*liga o rádio*)

**HELOÍSA** A grande guerra acabou com esses refúgios...

**JOÃO** Prefiro um fox...

**O BANQUEIRO** Uma fox danz. Vamos. Valz é triste!

**JOÃO** Alô Jones! (*Muda a estação e ao som de um fox sai grudada no Banqueiro*) Até a volta. Vou ver o pico do Itatiaia.

**O AMERICANO** (*rindo*) Everest! Everest!

*Menos o Americano e João*

**D. POLOCA** (*escandalizada*) Menina à toa! Garota da crise! (*silêncio*) Vou me vestir para o banho de mar. Me refrescar desses calores! Heloísa, você vem... (*sai*)

**HELOÍSA** Vou já, titia...

*Menos d. Poloca*

*Ouvem-se gritos ao fundo. Totó Fruta-do-Conde aparece na escada. Não traz nada nas mãos.*

*Mais Totó*

**ABELARDO I** Que foi?

**HELOÍSA** Totó... Que aconteceu?

**TOTÓ** Um peixe enorme. Me tirou o anzol, os bombons. Levou tudo... Deve ter sido um tubarão.

**ABELARDO I** Não. Decerto foi um peixe-espada. Como você ficou emocionado! Que palpitações...

**TOTÓ** Decerto!

**ABELARDO I** Pensei que você já estivesse habituado com essas pescarias...

**HELOÍSA** Espera. Venho já. (*sai pela esquerda*) Vou me vestir.

*Menos Heloísa*

**TOTÓ** (*atira-se a uma cadeira*) Eu pesco incessantemente há três dias. Por desgostos, seu Abelardo!

**ABELARDO I** Asa quebrada...

**TOTÓ** Veja só! O Godofredo! Me misturar!

**ABELARDO I** Isso é da vida, você se confortará, esquecerá!

**TOTÓ** Nunca! Não posso esquecer.

**ABELARDO I** Ora, o tempo é o grande remédio...

**TOTÓ** Inútil. Foi um caso muito sério. Depois de tamanha dedicação minha! Três anos! Foi muito sério!

**ABELARDO I** Assaz sério! Mas tudo passa. *Tout passe, tout casse...*

**TOTÓ** Se não fosse aquele detalhe! Imagine, eu disse ao Godofredo: Você pode me trair com qualquer mulher. Qualquer, hein? Mas com aquela não admito! E foi justamente com ela! Tenho provas!

**ABELARDO I** Bem. Mas a natureza está cheia de imperativos...

**TOTÓ** E onde fica a educação, seu Abelardo? Onde ficam as convenções, os preconceitos sociais, as diferenças de origem e de classe... Tudo isso que torna o mundo delicioso. (*geme*) Me trair com uma mulher do Mangue!

**ABELARDO I** Do Mangue?

**TOTÓ** Do Mangue, sim. Foi um cataclisma. Sou uma fracassada! (*levanta-se*) Os peixes me assaltam, o mar me enerva, a paisagem me amofina. Vou para o meu quarto... sim? (*sai*)

*Menos Totó*

**ABELARDO I** Vai... Ofélia... Entra para um convento! (*fecha o rádio*) Agora é o outro que chegou na lancha. O pau-d'água. Vem buscar dinheiro. Mais dinheiro! Passei a vida arrancando osso, pele e sangue de meio mundo para ser explorado agora... por um fascista... colonial!

*Abelardo e Perdigoto*

*Perdigoto entra, choca as botas e faz uma saudação militar cabalística. Abelardo senta-se sem responder.*

**PERDIGOTO** Glória!

**ABELARDO I** Que quer comigo?

**PERDIGOTO** (*sentando-se a cavalo numa cadeira. Tira um cigarro. Oferece. Fuma*) Propor-lhe um negócio...

**ABELARDO I** Mais um? Não conhece outro endereço?

**PERDIGOTO** É uma transação que o interessa...

*Silêncio*

**ABELARDO I** O senhor é um crápula!

**PERDIGOTO** Quem é o senhor para me dizer isso?

**ABELARDO I** Um homem que matou a fome da sua família! Antes mesmo de entrar nela!

**PERDIGOTO** Cão!

**ABELARDO I** Insulta-me?

**PERDIGOTO** Estou habituado a isso! Na fazenda ainda uso o chicote...

**ABELARDO I** Mas não comigo, sabe? Insulta e maltrata os que trabalham... Os que lhe deram as belas roupas com que perde rios de dinheiro na Hípica e no Automóvel Clube... Felizmente isso acabou, meu amigo...

**PERDIGOTO** (*cínico*) Não jogo mais!

**ABELARDO I** Porque não tem dinheiro. Agora bebe. Sei que a fazenda se desorganizou durante uma semana toda! Porque o senhor que a administra em nome de seu pai foi tomar pifões de 24 horas com o administrador na Casa-Grande. Foi retirado semivivo de uma fôrma de vômito. Sabe, um dia os colonos hão de levantar-lhe uma estátua de vômito, depois de tê-lo enforcado...

**PERDIGOTO** (*calmo*) Irão depois às cidades e à capital... levantar estátuas idênticas aos usurários.

**ABELARDO I** Miserável!

**PERDIGOTO** Ladrão!

**ABELARDO I** Diga o que quer!

*Silêncio*

**PERDIGOTO** Tenho notado lá e em algumas propriedades vizinhas um descontentamento crescente entre os colonos. Eles estão ficando incontentáveis.

**ABELARDO I** Naturalmente... Sempre foram incontentáveis...

**PERDIGOTO** Estão ficando insolentes, até desaforados. Ora, só há um remédio. É preciso castigar e meter medo. Eu tenho velhos amigos, quase todos desocupados... Gente disposta... Que sabe brigar... ·

**ABELARDO I** Já sei! A escória noctâmbula de São Paulo, os de porta de bar, os faróis de clube de jogo, os gigolôs de lupanar...

**PERDIGOTO** Todos pertencentes a excelentes famílias...

**ABELARDO I** Como você!

**PERDIGOTO** Tenho um projeto. Dar-lhes ocupação. Aproveitá--los.

**ABELARDO I** Que ocupação pode ter essa ralé?

**PERDIGOTO** Uma camisa de cor basta! Armas, munições e...

**ABELARDO I** Dinheiro!

**PERDIGOTO** Fora de brincadeira. A situação obriga a isso. Organizemos uma milícia patriótica. Que acha? Nos instalaremos provisoriamente na Casa central. Combinaremos com os outros fazendeiros. Arrolaremos gente, a capangada está sempre pronta... Será o nosso quartel-general. E se a colônia der um pio...

**ABELARDO I** Será o massacre... Processos conhecidos!

**PERDIGOTO** Claro. Os corvos engordarão! E a paz voltará de novo sobre a fazenda antiga!

**ABELARDO I** (*depois de um silêncio*) Quanto quer?

**PERDIGOTO** Dez contos!

**ABELARDO I** Sei que vai jogar esse dinheiro. Tentar uma última parada. Parasita! (*reflete*) Mas sua ideia não é má. Não deve ser sua. Aliás é uma cópia do que está se fazendo nos países capitalistas em desespero! (*prepara um cheque*) Pronto! Se dentro de uma semana não estiver organizada a milícia, ponho-o na cadeia!

**PERDIGOTO** Por ter sido seu amigo?

**ABELARDO I** Não, porque falsificou minha assinatura numa letra de treze contos que foi descontada por Pereira & Irmão. Desmoralizando-me com essa quantia ridícula! Mas já tomei providências.

**PERDIGOTO** Sabia isso também?

**ABELARDO I** Quer que lhe dê mais detalhes de sua vida?

**PERDIGOTO** (*fazendo alusão ao cheque que mostra ao sair*) Não! Por hoje basta.

*Menos Perdigoto*

**ABELARDO I** Crápulas! Sujos! Um é o Totó Fruta-do-Conde! O outro, este bêbedo perigoso. Virou fascista agora. Minha cunhada veio sentar de maiô no meu colo para eu coçar-lhe as nádegas... com cheques naturalmente. A sogra caída... A outra velha... E eu é que devo me sentir honradíssimo... por entrar numa família digna, uma família única.

*Mais Heloísa*

**HELOÍSA** (*entra em maiô*) Você não vai ao banho? Estão todos prontos.

**ABELARDO I** Não vou! Estou com um pouco de dor de cabeça. Prefiro repousar. Leve esse Americano duma figa... Minha cara, eu estou vendo que peguei no duro, no batente, durante dez anos, para fazer uma porção de piratas jogarem ioiô!

**HELOÍSA** Estás arrependido? Não te trago vantagens sociais? Físicas? Políticas... bancárias...

**ABELARDO I** Mas é que às vezes, de repente perco a confiança. É como se o chão me faltasse. Sei que as tuas relações são boas. Amanhã teremos um jantar de congraçamento sob as estrelas do pavilhão ianque. Até o mais degenerado dos teus irmãos me será útil.

**HELOÍSA** O Frutinha?

**ABELARDO I** Por enquanto o outro. O ébrio. Vai fundar a primeira milícia fascista rural de São Paulo. Quem vai se regalar é o tal Cristiano de Bensaúde... o escritor... você sabe. Ele vem amanhã...

**HELOÍSA** O tal que você chamava de sociólogo angélico, ia mandar fazer um samba para ele, *O pirata jejuador?*

**ABELARDO I** *(rindo)* É. A gente nos momentos difíceis é obrigado a fazer concessões. Depois o Americano quer união, das confissões religiosas, dos partidos... É preciso justificar perante o olhar desconfiado do povo, os ócios de uma classe. Para isso nada como a doutrina cristã...

**HELOÍSA** Hein? Você já está assim?

**ABELARDO I** O catolicismo declara que esta vida é um simples trânsito. De modo que os que passaram mal, trabalhando para os outros, devem se resignar. Comerão no céu...

**HELOÍSA** E os outros?

**ABELARDO I** Os outros não precisam nem acreditar. Podem até adotar o ceticismo ioiô. A vida é um eterno ir e vir... ioiô...

**HELOÍSA** E quando enrosca?

**ABELARDO I** Aí apela-se para Schopenhauer. E imediatamente adota-se a filosofia do tiro no ouvido... Deve doer, não? O mundo então é uma miséria. Como Deus não existe mais. Só há um remédio. O salto no Nirvana.

**HELOÍSA** Por isso é que você se aniquilou em mim...

**ABELARDO I** De fato a minha vida enroscou na sua, Heloísa. Num momento grave, em que é preciso lutar e vencer. Sem piedade.

De uma maneira fascista mesmo. Vou me aliar ao Perdigoto e ao Bensaúde. Eles têm utilidade.

**HELOÍSA** Você disse que aqui isso não seria possível.

**ABELARDO I** Tenho estudado melhor. Somos parte de um todo ameaçado — o mundo capitalista. Se os banqueiros imperialistas quiserem... Você sabe, há um momento em que a burguesia abandona a sua velha máscara liberal. Declara-se cansada de carregar nos ombros os ideais de justiça da humanidade, as conquistas da civilização e outras besteiras! Organiza-se como classe. Policialmente. Esse momento já soou na Itália e implanta-se pouco a pouco nos países onde o proletariado é fraco ou dividido...

**HELOÍSA** Então vou já brincar de jacaré com o Americano.

**ABELARDO I** Vai! Ele é Deus Nosso Senhor do Arame... Brinca, meu bem.

*Heloísa sai pela esquerda. Atrás dela, chamando-a, aparece, pela direita, em maiô centenário, que lhe cobre as canelas, d. Poloca.*

*Menos Heloísa, mais d. Poloca*

**D. POLOCA** Heloísa! Heloísa!

**ABELARDO I** (*barrando-lhe o caminho*) De novo a sós! Sabe! Respeito-a porque a senhora é o passado puro! Que não relaxa! O cerne! O cer-ne!

**D. POLOCA** (*lisonjeada*) Chaleira!

**ABELARDO I** (*depois de um silêncio*) Diga, tia Coisa! Diga-me seriamente se a senhora tivesse um milhão de dólares o que faria?

**D. POLOCA** Ora! Fabulista!

**ABELARDO I** Diga. Eu preciso saber. Eu quero saber! Por exemplo, se eu estourasse os miolos e lhe deixasse tudo o que tenho...

**D. POLOCA** Quer me fazer de idiota? Não faz não!

**ABELARDO I** Não. Quero mesmo saber. Diga. Qual é o seu grande ideal? O que faria se recebesse um milhão?

**D. POLOCA** Iria a Petrópolis.

**ABELARDO I** (*ajoelhando-se*) Deixe-lhe beijar os pés! Santinha! O maiô pelo menos! (*levanta-se*) Pois olhe, há de ser comigo. Eu lhe dou uma viagem a Petrópolis! Tomaremos nós dois sozinhos a lancha. Sulcaremos a baía. Jantaremos no Rio num grande restaurante. Mas à noite... À noite...

**D. POLOCA** Uma noite de amor! Nesta idade!

**ABELARDO I** A primeira!... Diga que aceita...

**D. POLOCA** Olhe que eu não sou de ferro!

**ABELARDO I** Vou mandar preparar a lancha... E uns bolinhos.

**D. POLOCA** Uns pés de moleque! Aba-fa!

**ABELARDO I** Abafa! (*saindo pela direita. Atira um beijo... dois...*) Ao luar! Esta noite!

**TELA**

O MESMO CENÁRIO do 1º Ato, à noite. A cena está atravancada de ferro-velho penhorado a uma Casa de Saúde. Uma maca no chão. Uma cadeira de rodas. Um rádio sobre uma mesa pequena. A iluminação noturna vem de fora, pela ampla janela. Heloísa se lastima prendendo com os braços as pernas de Abelardo I.

*Abelardo I e Heloísa*

**HELOÍSA** (*senta-se sobre a maca*) Que desgraça, meu bem! Que pena! Que pena!

**ABELARDO I** Prefiro ser fraco... Heloísa. Você sabe por que nos íamos casar. Não era decerto para fazer um *ménage* de folhinha...

**HELOÍSA** Que pena! Meu Deus!

**ABELARDO I** Terás que procurar outro corretor... Você sabe... Nos casávamos para você pertencer mais à vontade ao Americano. Mas eu já não sirvo para essa operação imperialista. O teu corpo não vale nada nas mãos de um corretor arrebentado que irá para a cadeia amanhã... Ou será assassinado pelos depositantes. Essa falência imprevista vai me desmascarar...

**HELOÍSA** Que horror! Eu não quero que você vá preso!

**ABELARDO I** Não há perigo. Não irei. (*tira um revólver dissimuladamente do bolso*)

**HELOÍSA** E eu como é que fico? Na miséria outra vez. Eu não sei trabalhar, não sei fazer nada. E a minha gente... Eu acabo dançando no *Moulin Bleu*...

**ABELARDO I** (*consolando-a*) Não será preciso, meu amor. Você se casa com o ladrão...

**HELOÍSA** (*continua a choramingar e mantém-se lastimosa e soluçante durante todo o ato*) Qual deles? Eu já perguntei!

**ABELARDO I** O último, o que deu a tacada final nesta partida negra em que fui vencido...

**HELOÍSA** O Americano não quer casar...

**ABELARDO I** Mas o outro casa. É um ladrão de comédia antiga... Com todos os resíduos do velho teatro. Quando te digo que estamos num país atrasado! Olhe, ele roubou os cheques assinados ao portador. Operou magnificamente. Mas veja, rebentou a lâmpada... arrombou a secretária... Deixou todos os sinais dos dedos. Para quê? Se tinha furtado a chave do cofre. É um ladrão antigo. Topa um casamento com uma nobre arruinada. Na certa!

**HELOÍSA** Já sei! É o seu domador! Que homenzinho horrível, meu Deus! Eu não quero...

**ABELARDO I** Não sei. Quem sabe se é Rafles... Arsène Lupin, um desses que você gosta, que amava na adolescência... Saído de Edgard Wallace, hein?...

**HELOÍSA** Mas eu gosto de você... Você vai embora... Para onde você quer ir... Eu também vou... com você...

**ABELARDO I** Não vou não. Fico.

**HELOÍSA** (*divisa o revólver e dá um grito*) Largue isso, Abelardo!

**ABELARDO I** (*defendendo a arma*) Por que Heloísa? O ladrão que a noite passada levou o dinheiro, deixou esta arma no lugar... Fez-me um presente... O melhor que podia fazer... Viu que eu não tinha outra saída...

**HELOÍSA** Mas meu amor! (*levanta-se e agarra-se a ele*) Mesmo que você esteja arruinado. Mesmo que seja verdade... Você pode ganhar ainda, recuperar... Você, tão inteligente, tão ativo...

**ABELARDO I** Tão esperto! Olhe, menina. Eu fui um porcalhão! Sabe você a quem a burguesia devia erguer estátuas? Aos caixas dos bancos! Esses sim é que são colossais! Firmes como a rocha. Os homens que resistem à tentação da nota. Sabendo para onde ela vai, para que ela serve, donde vem, que infâmias pode tecer... Os que recusam o chamado da nota! Antigamente, quando a burguesia ainda era inocente... A burguesia já foi inocente, foi até revolucionária... Nos bons tempos do romantismo, antes do cinema devassar o mundo, acreditava-se no chamado do Oriente, esse apelo insondável dos países misteriosos e tardos, onde, no fundo — o cinema depois divulgou —, só havia exploração imperialista e palmeiras, mais nada. Na época moderna, para nós, classe dirigente, minha amiga, só há um chamado — o chamado da nota! Eu não soube resistir ao chamado da nota! Sendo Rei da Vela, banquei o Rei do Fósforo. Também me apossei do que pude! Joguei numa terrível aventura, todas as minhas possibilidades! Pus as mãos no que não era meu. Blefei quanto pude! Mas fui vergonhosamente batido por um coringa... Pois bem! O Rei da Vela não será indigno do Rei do Fósforo!... (*agita o revólver*)

**HELOÍSA** Abelardo. Não faça essa loucura. Vamos recomeçar. Fugiremos daqui para bem longe! Vamos...

**ABELARDO I** Recomeçar... uma choupana lírica. Como no tempo do romantismo! As soluções fora da vida. As soluções no teatro. Para tapear. Nunca! Só tenho uma solução. Sou um personagem do meu tempo, vulgar, mas lógico. Vou até o fim. O meu fim! A morte no terceiro ato. Schopenhauer! Que é a vida? Filosofia de classe rica desesperada! Um trampolim sobre o Nirvana! (*grita para dentro*) Olá! Maquinista! Feche o pano. Por um instante só. Não foi à toa que penhorei uma Casa de Saúde. Mandei que trouxessem tudo para cá. A padiola que vai me levar... (*fita em silêncio os espectadores*) Estão aí? Se quiserem assistir a uma agonia alinhada esperem! (*grita*) Vou atear fogo às vestes! Suicídio nacional! Solução do Mangue! (*longa hesitação. Oferece o revólver ao Ponto e fala com ele*) Por favor, seu Cireneu... (*silêncio. Fica interdito*) Vê se afasta de mim esse fósforo...

**O PONTO** Não é mais possível!

**ABELARDO I** Como? Não é possível? O autor não ligaria... Então?...

**O PONTO** Mas a crise... A situação mundial... O imperialismo. Com o capital estrangeiro não se brinca!

**ABELARDO I** Está bem. (*para Heloísa*) Tu, meu cravo de defunto, dá-me o último beijo! (*enlaçam-se*)

*O pano encobre a cena. Ouve-se um grito terrível de mulher e uma salva de sete tiros de canhão. Quando reabre, Heloísa soluça jogada sobre a maca. Abelardo está caído na cadeira de rodas que centraliza a cena. O telefone ressoa. Ela soluça. Silêncio prolongado. O telefone insiste.*

**ABELARDO I** Não atenda... É o ladrão. Está telefonando para ver se eu já morri. Truque de cinema. Mas como no teatro não se conhece outro, ele usa o mesmo. Virá até aqui. Para nós o identificarmos! Olhem! (*ouve-se um ruído à direita*) É ele! Pssit! Heloísa! Para de chorar! (*silêncio absoluto, o ruído cresce, persiste. Abelardo arqueja e acompanha com enorme interesse. Sorri*) Barulho de gazua! É ele! (*a porta estala. Abelardo II surge, embuçado, de casquete, exageradamente vestido de ladrão. Tirou os bigodes de domador. Traz nas mãos uma lanterna surda. Deixou o monóculo. É quase um* gentleman)

*Os mesmos e Abelardo II*

**ABELARDO I** Meu alter ego! Foi um suicídio autêntico. Abelardo matou Abelardo.

**ABELARDO II** (*fingindo-se possesso de surpresa, deixa rolar a lanterna, enquanto Heloísa, na mesma posição, recomeça os soluços intérminos*) Mas que houve? Que foi? O que é isso? Meu Deus. (*aperta o botão da luz*) Curto-circuito!

**ABELARDO I** Não. Foi você que quebrou. Ladrão de primeira viagem! Fez bem! Pouparemos a luz elétrica. A conta do mês passado foi alta demais! Acenda todas as velas! Economia em regressão. As grandes empresas estão voltando à tração animal! Estamos ficando um país modesto. De carroça e vela! Também já hipotecamos tudo ao estrangeiro, até a paisagem!

Era o país mais lindo do mundo. Não tem agora uma nuvem desonerada... Mas não irá ao suicídio... Isso é para mim.

**ABELARDO II** Por que fez essa loucura?

**ABELARDO I** Um homem não tem importância... A classe fica. Resiste. O poder do espiritualismo. Metempsicose social...

**ABELARDO II** Quer que chame um médico?

**ABELARDO I** Para quê? Para constatar que eu revivo em você? E portanto que Abelardo rico não pagará a conta de Abelardo suicida?

**ABELARDO II** Pode salvar-se ainda. Como fica essa pobre moça... No desamparo. (*Heloísa soluça fortíssimo*) Quer um padre? Pode ainda realizar o casamento...

**ABELARDO I** Que necessidade tem você de casar com a minha viúva... Vai tê-la virgem! e de branco...

**ABELARDO II** Virgem! Heloísa virgem! (*Heloísa diminui os soluços*)

**ABELARDO I** Se o Americano desistir do direito de pernada...

**ABELARDO II** De pernada?

**ABELARDO I** Sim, o direito à primeira noite. É a tradição! Não se afobe, pequeno-burguês sexual e imaginoso! Não se esqueça que estamos num país semicolonial. Que depende do capital estrangeiro. E que você me substitui, nessa copa nacional! Diga, onde escondeu o dinheiro que abafou?...

**ABELARDO II** Que dinheiro?

**ABELARDO I** O nosso. O que sacou às dez horas precisas da manhã. O dinheiro de Abelardo. O que troca de dono individual mas não sai da classe. O que através da herança e do roubo, se conserva nas mãos fechadas dos ricos... Eu te conheço e identifico, homem recalcado do Brasil! Produto do clima, da economia escrava e da moral desumana que faz milhões de onanistas desesperados e de pederastas... Com esse sol e essas mulheres!... Para manter o imperialismo e a família reacionária. Conheço-te, fera solta, capaz dos piores propósitos. Febrônio dissimulado das ruas do Brasil! Amanhã, quando entrares na posse da tua fortuna, defenderás também a sagrada instituição da família, a virgindade e o pudor, para que o dinheiro permaneça através dos filhos legítimos, numa classe só...

**ABELARDO II** Eu sempre defendi a tradição... e a moral...

**ABELARDO I** E defende também a casa feudal!... Se salvares a fazenda das unhas militarizadas do Perdigoto, conserva a Casa da família. Não reformes nada! A casa feita para ter muitos criados, um resto de mucamas e negras velhas, lembrando o tronco! E um grande quarto frio para dois seres que se traem e se detestam dormindo na mesma cama e orando no mesmo oratório. A casa antiga, colonial, um mundo que resiste! Mais que eu... Foi a bala do cano que penetrou profundamente, a primeira... As outras rodearam o coração! Que dor... Decerto é porque o coração ficou intacto... O coração, esse útero do homem, onde a gente gera os filhos mais caros... a ambição, o amor, o desespero, a vontade de viver... a literatura... Escuta, Abelardo! Abandonaste o socialismo?

**ABELARDO II** Faço-lhe presente dele!

**ABELARDO I** Mas eu não aceito. Neste momento eu quero a destruição universal... O socialismo conserva...

**ABELARDO II** Virou bolchevista! São todos assim... Quando era o grande milionário e emprestava a quinze por cento ao mês e eu lhe falava dos ideais humanitários e moderados do socialismo, caçoava. Conhecia tudo, lia tudo, mas se ria... Agora...

**ABELARDO I** Sempre soube que só a violência é fecunda... Por isso desprezei essa contrafação. Cheguei a preferir o fascismo do Perdigoto. Mas agora eu queria outra coisa...

**ABELARDO II** O comunismo...

**ABELARDO I** Para te deixar um veneno pelo menos misturado com Heloísa e os meus cheques. Deixo vocês ao Americano... E o Americano aos comunistas. Que tal o meu testamento?

**ABELARDO II** São todos assim como você, passam para o outro lado quando estão arruinados!

**ABELARDO I** É um erro teu! Se todos fossem como o oportunista cínico que sou eu, a revolução social nunca se faria! Mas existe a fidelidade à miséria! Eu estou saindo da luta de classes... já está aí a maca onde o meu corpo vestido e inerte substituirá o corpo voluptuoso de Heloísa... Mas se sarasse... regressava à arena na posição que ocupei. Não aderia... Talvez mudasse de dono. Voltava a trabalhar para o imperialismo inglês...

**ABELARDO II** Pão-duro...

**ABELARDO I** Pão amanhecido!

**ABELARDO II** Eu fui o teu obstáculo!

**ABELARDO I** Mas a tua vida não irá muito além desta peça...

**ABELARDO II** Me matas?

**ABELARDO I** Para quê? Outro abafaria a banca. Somos... uma barricada de Abelardos! Um cai, outro o substitui, enquanto houver imperialismo e diferença de classes...

**ABELARDO II** Ora, que sujeito! Fazendo visagem na hora da morte!

**ABELARDO I** Não sou nem sequer um demagogo. Esta cena é ainda um episódio da concorrência. Uma briga burguesa. Eu quero mesmo depois da morte, te suplantar na memória dela que vai ser tua mulher.

**ABELARDO II** Minha mulher?

**ABELARDO I** Como meu irmão será o teu advogado! (*silêncio*)

**ABELARDO II** (*calculando*) Ele conhece o sistema da casa...

**ABELARDO I** Somos uma história de vanguarda. Um caso de burguesia avançada...

**ABELARDO II** Num país medieval!

**ABELARDO I** O cálculo frio é a nossa honra. O sistema da casa! Não morro como um convertido. Se sarasse ia de novo lutar pela nota. Ia ser pior do que fui. E mais precavido. A nevrose do lucro! Quem a conhece não a larga mais. É a mais bela posição do homem sobre a terra! Nenhuma militância a ela se compara. Nenhuma religião. Se vejo com simpatia neste minuto da minha vida que se esgota, a massa que sairá um dia das catacumbas das fábricas... é porque ela me vingará... de você... Que horas são? Moscou irradia a estas horas. Você sabe! Abra o rádio. Abra. Obedeça! É a última vontade de um agonizante de classe!

**ABELARDO II** (*obedecendo*) Ondas curtas. 25, onda de má reputação. Quantas vezes escutei isso...

**ABELARDO I** É o vazio debaixo dos pés, o abismo aberto... a catástrofe! (*silêncio. Ouvem-se os sons da* Internacional) O hino dos trabalhadores...

**ABELARDO II** A *Internacional...*

*A música termina*

**UMA VOZ NO RÁDIO** Proletários de todo o mundo, uni-vos! Aqui fala Moscou. Mos...

*Abelardo II com um pé vira o aparelho que se cala*

**ABELARDO I** Ah! Ah! Moscou irradia no coração dos oprimidos de toda a terra!

**ABELARDO II** Sujo! Demagogo!

**ABELARDO I** Calma! Não és parecido com o Jujuba, senão no físico. Vou te contar a história do Jujuba! Era um simples cachorro! Um cachorro de rua... Mas um cachorro idealista! Os soldados de um quartel adotaram-no. Ficou sendo a mascote do batalhão. Mas o Jujuba era amigo dos seus companheiros de rua! Na hora da boia, aparecia trazendo dois, três. Em pouco tempo, a cachorrada magra, suja e miserável enchia o pátio do quartel. Um dia, o major deu o estrilo. Os soldados se opuseram à saída da sua mascote! Tomaram o Jujuba nos braços e espingardearam os outros... A cachorrada vadia voltou para a rua. Mas quando o Jujuba se viu solto, recusou-se a gozar o privilégio que lhe queriam dar. Foi com os outros!

**ABELARDO II** Demagogia!

**ABELARDO I** Não. Ele provou que não! Nunca mais voltou para o quartel. Morreu batido e esfomeado como os outros, na rua, solidário com a sua classe! Solidário com a sua fome! Os soldados ergueram um monumento ao Jujuba no pátio do quartel. Compreenderam o que não trai. Eram seus irmãos. Os soldados são da classe do Jujuba. Um dia também deixarão atropeladamente os quartéis. Será a revolução social... Os que dormem nas soleiras das portas se levantarão e virão aqui procurar o usurário Abelardo! E hão de encontrá-lo...

**ABELARDO II** Os soldados são patriotas! Os soldados amam o Brasil. Viva o Brasil!

**ABELARDO I** Mas o Brasil não ama os seus soldados! Eles ganham o que por mês? Para defender os que ganham vinte contos por semana como o Americano! E eu e você, os lacaios dele! Antes de Cristo, Tibério Graco já dizia dos soldados romanos: — "Chamam-nos de senhores do mundo, mas eles não têm sequer uma pedra onde encostar a cabeça!". É verdade! Eu também não tenho mais nada. Castiguei a traição que fiz à minha classe. Era pobre como o Jujuba! Mas não fiz como ele... Acreditei que isso que chamam de sociedade era uma cidadela que só podia ser tomada por dentro, por alguém que penetrasse como você penetrou na minha vida... Eu também fiz isso. Traí a minha fome... (*silêncio. Ouve-se a respiração do agonizante*)

**ABELARDO II** Sente-se melhor?

**ABELARDO I** Não tenha receio. Sinto como se sonhasse que estava tendo uma congestão cerebral... Um poeta disse: — "Se alguma coisa já exaltou o homem foi a palavra — liberdade!" A luta pela liberdade... A luta pelo dinheiro... Só o dinheiro dá a liberdade. A liberdade de amar, de matar, de mentir, de estuprar... (*ouve-se um barulho de automóvel estertorar lá fora, passando*) Feche a janela! Não quero ouvir esses sinos! Quero pagar tudo! À vista!

**ABELARDO II** Mas que sinos?

**ABELARDO I** Não quero ouvir. Feche! Não quero nada de graça... Não admito. Sino é de graça...

**ABELARDO II** Está delirando...

*Heloísa soluça alto de novo*

**ABELARDO I** Pago tudo! Sino é a única coisa que a Igreja dá grátis! Não quero! Pago tudo! Adiantado! Missa de corpo presente! Sinos não quero! Abelardo! Abra a jaula... Chicoteie! Pare essas vozes!... Abra a jaula!... Abra!

**ABELARDO II** (*faz correr a porta de ferro*) Pronto!

*Silêncio. Soluços.*

**ABELARDO I** Não deixe eles falarem mais. (*escuta*) O quê? Que vou ser protestado! Virei um papagaio protestado? Sem reforma? Cães! Rua! Chicoteie, Abelardo!

**UMA VOZ** (*grossa, terrificante, da porta escancarada que mostra a jaula vazia*) Eu sou o corifeu dos devedores relapsos! Dos maus pagadores! Dos desonrados da sociedade capitalista! Os que têm o nome tingido para sempre pela má tinta dos protestos!

Os que mandam dizer que não estão em casa aos oficiais de justiça! Os que pedem envergonhadamente tostões para dar de comer aos filhos! Os desocupados que esperam sem esperança! Os aflitos que não dormem, pensando nas penhoras. (*grita*) A Amé-ri-ca - é - um - ble-fe!!! Nós todos mudamos de continente para enriquecer. Só encontramos aqui escravidão e trabalho! Sob as garras do imperialismo! Hoje morremos de miséria e de vergonha! Somos os recrutas da pobreza! Milhões de falidos transatlânticos! Para as nossas famílias, educadas na ilusão da A-mé-rica, só há a escolher a cadeia ou o *rendez--vouz*! Há o sui-cí-dio também! O sui-cí-dio...

**ABELARDO I** É a revolução... Fogo! Façam fogo...

*Silêncio pesado. Os soluços de Heloísa aumentam.*

**ABELARDO II** Está morrendo. A minha vida começa!

**ABELARDO I** A val... a...

*Heloísa soluça de novo forte*

**ABELARDO II** Compreendo. A vala comum... Não ficou nada. Nem para o enterro nem para a sepultura. A casa ia mal há muito tempo. Coitado! Negócios com estrangeiros... Ele que tinha mandado fazer aquele projeto de túmulo fantasmagórico... Com anjos nus de três metros...

**ABELARDO I** A val... a! (*gesticula impotentemente*)

**ABELARDO II** O quê! Quer alguma coisa? Que dê o sinal de crime? Não! É cedo ainda. Vai querendo!

**ABELARDO I** Não... (*mostra com sinais alguma coisa que deseja*)

**ABELARDO II** O telefone! Não. Um copo d'água?

**ABELARDO I** (*num esforço enorme*) A vela!

**ABELARDO II** Ahn! Quer morrer de vela na mão? O Rei da Vela. Tem razão! (*abre o mostruário. Tira uma velinha de sebo, a menor de todas. Acende-a*) Não quer perder a majestade. Vou pôr naquele castiçal de ouro!

*Silêncio. Soluços. A cena emerge da luz frouxa da vela que Abelardo II colocou no castiçal de latão. Num último arranco o moribundo deixa cair a cabeça para trás e a vela ao chão onde tomba também e permanece de borco.*

**HELOÍSA** (*levantando-se entre soluços enormes*) Abelardo! Abelardo!

**ABELARDO II** Heloísa será sempre de Abelardo. É clássico!

*Heloísa hesita um instante perto do morto, depois ampara-se sobre o ombro de Abelardo II que a mantém estreitamente no centro da cena. Ouvem-se os acordes da Marcha Nupcial e uma luz doce focaliza o par. Aparecem então em fila, vestidos a rigor os personagens do 2º Ato que, sem dar atenção ao cadáver, cumprimentam o casal enluarado, atravessando ritmadamente a cena e se colocando por detrás dele, ao som da música. O fascista saúda à romana. O Americano é o último que aparece e o único que fala.*

**O AMERICANO** *Oh! good business!*

**TELA**

# Nota sobre o estabelecimento de texto

Para o estabelecimento de texto desta edição, foi consultado o volume *A morta; O Rei da Vela* (Rio de Janeiro: José Olympio, 1937), primeira e única edição da peça publicada em vida do autor. Foram padronizados o uso por extenso das formas de tratamento "seu", "Mademoiselle", "Madame", "Mister", o uso abreviado de "dr." para "doutor" — como consta no original — e o uso abreviado "d." para "dona" — sobre o qual havia oscilações em todo o texto. Uniformizou-se também o uso do artigo "o" antes da menção ao "Cliente", na indicação das falas do personagem. Nas rubricas, foi padronizado o não uso de ponto final, sobre o qual havia oscilações. O uso de vírgula antes dos vocativos também foi uniformizado. Algumas palavras estrangeiras, às vezes escritas com erros ortográficos, foram substituídas pela forma abrasileirada atualmente dicionarizada. Por exemplo: chaufeur/ chofer; mailot/ maiô; whiski/ uísque. Foram corrigidos erros tipográficos evidentes. (N. C.)

# FORTUNA
# CRITICA

# UMA PERSPECTIVA CRÍTICA SOBRE OSWALD DE ANDRADE*

## DÉCIO DE ALMEIDA PRADO

*O REI DA VELA* É A BOMBA DE RETARDAMENTO deixada por Oswald de Andrade para explodir quando estivessem todos comemorando o seu passamento definitivo. Escrita em 1933, publicada em 1937, às vésperas do Estado Novo, permaneceu irrepresentada por mais de três decênios, à espera do público que reconhecesse nela a sua própria fisionomia. Que haja chegado esse momento augusto da ressurreição é o sentido que o Oficina quis dar à inauguração do seu novo teatro, ao cercar o lançamento da peça daquele cerimonial crítico — reedição do texto, páginas inteiras em jornais literários, programa recheado de longos artigos exegéticos e apologéticos — que só se dedica aos grandes mestres, aos totens sagrados da coletividade. "Do meu fundamental anarquismo jorrava sempre uma fonte sadia, o sarcasmo" — proclamou Oswald. O sarcasmo anárquico, eis a água lustral com que o Oficina pretende banhar e rejuvenescer o público, purificando-o de qualquer mácula de conformismo burguês.

---

\* Publicado originalmente em *O Estado de S. Paulo*, São Paulo, 8 out. 1967. Recorte pertencente ao Acervo Haroldo de Campos, Casa das Rosas — Espaço Haroldo de Campos de Poesia e Literatura, Secretaria de Estado da Cultura, São Paulo. (N. C.)

O engraçado é que *O Rei da Vela*, na época em que foi escrita, parecia passadista e retardatária às gerações mais jovens. A década literária de 20, dominada por São Paulo, fora iconoclasta, experimentalista, lúdica, com alguma coisa de irresponsável e farsesca. Ortega y Gasset, escrevendo com aguda sensibilidade em cima dos acontecimentos, notava em 1925, em *La deshumanización del arte*, que "el arte mismo se hace broma". E concluía, diante de movimentos anárquicos e voluntariamente mistificantes como o dadaísmo, que "ser artista es no tomar en serio al hombre tan serio que somos cuando no somos artistas".

Já a década de 30 caberia ao Nordeste, a uma literatura formalmente mais sóbria, mais séria — ou que se apresentava como tal —, mais apegada à realidade. A crise de 1929 mudara abruptamente a atmosfera, favorecendo os engajamentos políticos (quando Sartre e Simone de Beauvoir ainda não tinham descoberto a Rússia e a China), a abdicação da liberdade individual em favor das ações coletivas. O realismo romântico de Jorge Amado, com os seus operários ou camponeses politizados, a visão social da decadência de uma classe de José Lins do Rego, a secura e a exatidão da prosa de Graciliano Ramos, o fervor, a tensão contida dos poemas políticos de Carlos Drummond de Andrade, tinham aparentemente tornado obsoletos quaisquer exercícios mais ou menos estetizantes, mais ou menos surrealistas, como os de *O Rei da Vela*. "Ma non è una cosa seria!" (como no título de Pirandello) —, pensávamos conosco mesmos, imbuídos da ideia de que arte social e uma certa gravidade de tom andavam sempre de mãos dadas. Títulos imaginosos como *Pauliceia desvairada* e *A escrava que não é Isaura* eram substituídos por outros, mais expressivos da seriedade do momento: *Suor*, *Cacau* ou *Menino de engenho*. O futurismo desaparecera, na imagem popular, suplantado pelo modernismo, seu irmão mais novo e mais ajuizado. A literatura moderna reconciliava-se com o grande público.

Oswald de Andrade, em particular, parecia destinado a permanecer para sempre o escritor irrealizado, maior do que a própria obra, o homem que, na frase de Oscar Wilde, pusera o gênio na vida e apenas o talento nos livros. Citavam-se os seus trocadilhos e frases de espírito demolidores, apreciava-se a sua tonificante ação de presença, o seu sorriso inocente e virulento de eterno *enfant terrible* das letras, mas aguardava-se o *Marco zero* — título sintomático —, o romance bem estruturado, solidamente construído, sem exageros polêmicos, que ele prometia para breve e por temperamento jamais poderia escrever.

O prefácio de *Serafim Ponte Grande*, também de 1933 e escrito em veia muito semelhante a *O Rei da Vela*, mostra que o escritor tinha perfeita consciência dos novos tempos. Declarava-se "enojado de tudo", "possuído de uma única vontade": "Ser pelo menos, casaca de ferro na Revolução Proletária" ("Tarefa heroica para quem já foi Irmão do Santíssimo, dançou quadrilha em Minas e se fantasiou de turco a bordo"). A adesão ao comunismo — renegada por Oswald depois de 1945 — importava na condenação da literatura da década de 20: "A valorização do café foi uma operação imperialista. A poesia Pau Brasil também. Isso tinha que ruir com as cornetas da crise. Como ruiu toda a literatura brasileira 'de vanguarda', provinciana e suspeita, quando não extremamente esgotada e reacionária. Ficou da minha arte este livro. Um documento. Um gráfico". *Serafim Ponte Grande*, nas palavras de Oswald, seria o "Necrológio da burguesia. Epitáfio do que fui".

Necrológio e epitáfio da burguesia também o é *O Rei da Vela* — mas já encarado pela nova perspectiva marxista, típica da década de 30. E este parece ser o primeiro motivo de assombro para os jovens atores e diretores do Oficina. Como? Alguém conhecia o marxismo antes de Sartre (cujo sucesso foi ter chegado atrasado à arena, no momento em que as genuínas vocações políticas, entre os escritores da sua geração, já haviam se retirado) e antes de Fidel Castro? Ao verificar que todas as teses supostamente mais ousadas e modernas — o papel de lacaio do intelectual na sociedade burguesa, o liberalismo explicado como medo do comprometimento, a sujeição econômica aos Estados Unidos — tinham sido formuladas por uma peça brasileira há mais de trinta anos, não podem deixar de exclamar "como o Brasil mudou pouco", quando, na verdade, o que não mudou mesmo nada foi o marxismo teórico (ao contrário do capitalismo e do comunismo russo, que ambos mudaram bastante).

A modernidade de *O Rei da Vela* não está, contudo, se bem analisamos os fatos, nesse espírito revolucionário por assim dizer institucionalizado e cristalizado, facilmente redutível a fórmulas de consumo popular. Oswald, antes de descobrir o marxismo ("Enfim, eu tinha passado por Londres, de barba, sem perceber Karl Marx"), já era certamente revolucionário, em outros sentidos, e não apenas naquele de "boêmio", definido com indignação, como sintoma de atraso social, no prefácio do *Serafim*: "o contrário do burguês não era o proletário — era o boêmio!".

Burguês e antiburguês, ao mesmo tempo, sempre ele o foi. Burguês, por nunca ter desertado da sua classe, por correr atrás do dinheiro através de negócios complicadíssimos, por acercar-se pressurosamente das autoridades e das fontes do capital — e tudo isso se encontra transposto grotescamente em *O Rei da Vela*. Antiburguês, na medida em que atacava a burguesia por dentro, nas suas maneiras de viver, nos seus hábitos mentais. A economia, de resto, só passou a interessá-lo a partir de 30, ao perder a fortuna ("a minha atrapalhada situação econômica protestava contra a sociedade feudal que pressentia"), porque Oswald sempre pensou existencialmente, não distinguindo entre afetividade e razão, entre experiência vivida e raciocínio teórico.

Antes da crise de 29, que lhe revelou por vicissitude pessoal o esgotamento e a podridão do capitalismo, a sua revolta dirigia-se não contra a propriedade mas contra a família. A arma de que dispunha era a sexualidade. A sua vida era um constante escândalo público, porque ele sempre trocou de mulheres em público, ruidosamente, numa época em que ninguém o fazia, nunca aceitando a solução burguesa da esposa oficial e permanentemente ao lado das amantes sucessivas e clandestinas. Oswald teve muitos defeitos, mas não o defeito por excelência burguês: a hipocrisia.

E talvez seja este falar às claras, este ir até o fundo dos sentimentos e das palavras, esta falta de peias, juntamente com a preocupação erótica, que o tornem de novo tão atual. E aqui reaparecem, triunfantes, a sua alegria feroz, o seu sarcasmo anárquico.

É que a arte, completando o círculo, tem-se voltado nestes últimos anos para o irracionalismo, para o estado de espírito disponível e efervescente de 1920. O realismo, as obras dosadas, bem estruturadas e bem acabadas, cedem lugar ao happening, à estética da improvisação, do acaso feliz (ou mesmo infeliz), em que se procura sobretudo a efusão lírica e a libertação através da violência. Em algumas experiências mais recentes da pintura, do cinema, da música aleatória, "el arte mismo se hace broma", como em 1925.

Para uma geração que ouve os Beatles, com os seus longos cabelos românticos e os seus velhos uniformes militares do século xix, e lê Henry Miller, em cujos livros a própria experiência do sexo parece explodir em rebelião anárquica dos sentidos, uma peça dissolvente e anticonvencional como *O Rei da Vela* tem de parecer estranhamente contemporânea.

"Todo el arte nuevo — dizia ainda Ortega — resulta comprensible y adquiere cierta dosis de grandeza cuando se le interpreta como un ensayo de crear puerilidad en un mundo viejo."

Tentativa de criar puerilidade num mundo velho — a fórmula não parece perfeita para definir o espetáculo que acaba de estrear no Teatro Oficina?

# POSFÁCIO
## O REI DA VELA

### RENATO BORGHI

## Gênese

ERA O ANO de 1967. O Oficina estourava a bilheteria do Teatro Maison de France, no Rio de Janeiro, com seu Festival Retrospectivo de sucessos. O motivo da longa estadia de nove meses no Rio fora o incêndio de nosso teatro em São Paulo. É difícil de acreditar, mas a bilheteria pagava nossas despesas, e o lucro era enviado a São Paulo para as obras de reconstrução do Teatro Oficina. Velhos tempos! Durante o período em que permanecemos no Rio, a inquietação — nossa companheira — deu o ar de sua graça logo no início. Não conseguiríamos ficar o dia inteiro esperando a sessão noturna. Precisávamos agir, como era nosso costume. Organizamos um grupo de estudos sobre marxismo liderado por Leandro Konder e um laboratório de pesquisa sobre o gesto fundamental das diversas camadas sociais do povo brasileiro. Exemplo: operários, donas de casa, executivos e muitos outros. Esse laboratório foi gerido por Luiz Carlos Maciel. A ideia correu. A classe teatral do Rio compareceu em peso. Vieram participar várias estrelas do nosso teatro e cinema, como Odete Lara e Betty Faria. Começamos a nos aventurar em ambientes que nunca tínhamos frequentado. As ruas foram uma grande fonte de inspiração. Andávamos à procura de um gestual genuinamente brasileiro. Conhecemos bem de perto a cafonice de nossas famílias e a dos outros. O pinguim de geladeira foi eleito o símbolo máximo da breguice da classe média. Luiz Carlos Maciel, numa dessas tardes, falou de *O Rei da Vela*, mas a coisa morreu ali.

Numa de minhas viagens a São Paulo para fiscalizar as obras do novo Oficina, encontrei na estante de casa um livrinho com as páginas amareladas e comidas de traça. Era *O Rei da Vela*, de Oswald de Andrade. Li e me espantei que aquele texto fosse praticamente desconhecido até então. Nessa peça Oswald cometia o exercício da antropofagia, ou seja, devorava o Brasil capitalista-colonial. Miseráveis na jaula, exploradores comprando ilhas na baía de Guanabara. O escritor modernista tinha uma lucidez cáustica, impiedosa; fazia uma autopenetração através da peça como se nos enfiasse uma faca no peito e nos deixasse escorrer a dor de ser brasileiros. O verbo era de fogo, incandescente.

## A dificuldade para convencer o grupo

Li a peça para o grupo. Fernando Peixoto e Ítala Nandi aprovaram minha ideia imediatamente; Zé Celso ficou um pouco receoso. Era uma dramaturgia caótica, diferente de tudo que o Oficina tinha realizado até então. Passei a ler o texto em vários apartamentos de amigos, universidades, clubes etc. Eu lia todos os papéis. A reação dos ouvintes era de espanto, perplexidade e diversão. *O Rei da Vela* divertia, apesar de machucar. Zé Celso também acabou se apaixonando pela peça e faria de *O Rei da Vela* uma direção-marco do teatro brasileiro.

As obras do novo Teatro Oficina em São Paulo estavam chegando ao fim. Voltamos do Rio para iniciar os ensaios da peça antropofágica. De todos os processos de ensaio do Oficina, acho que esse foi o mais rápido e vertiginoso. Se não me engano, em 45 dias aprontamos tudo.

# A concepção e o gênio de Hélio Eichbauer

A genialidade do cenógrafo Hélio Eichbauer colaborou muito para uma revolução formal na linguagem do espetáculo. Primeiro ato: Circo; segundo ato: Revista; terceiro ato: Ópera. O elenco engolia o Brasil e vomitava em cena, mas um vômito organizado, poético, estético. Pude me reconciliar com meus ídolos do passado que eu havia renegado por força da sofisticação intelectual. Voltaram para mim o Oscarito, a Dercy, o Grande Otelo, o Mesquitinha e todo aquele pessoal da Revista. Era minha antropofagia.

## Ponto de partida: a devoração do bispo Sardinha

Todo o espetáculo foi inspirado no manifesto antropofágico do Oswald de Andrade. Queríamos dar porrada na elite intelectual com um deboche irado, irreverência e postura anárquica; tocar o âmago das consciências tanto da direita quanto da esquerda; questionar o próprio teatro e seu público. Era um grito, um berro do Oficina. Nossa musa foi Chacrinha, signo absoluto do caos--transe tropical popular. O espetáculo encerrava ao mesmo tempo ritualismo e pornografia. Meu personagem, Abelardo i, morria empalado por Abelardo ii, meu subordinado.

## Berliner Ensemble

Tanto Zé Celso quanto Fernando Peixoto e eu tínhamos feito um estágio na companhia de Brecht. Ficamos encantados com a riqueza de possibilidades apresentada pelo palco giratório do Berliner Ensemble.

Chegou a estreia. O novo Oficina com planta do Flávio Império estava de pé, com palco giratório e tudo. O palco giratório foi feito por um mecânico do Bexiga e quase nunca o motor tinha força para impulsionar o primeiro giro com todo o elenco em cima dele. Bolei um jeito de fazer a "coisa" funcionar: com um pé no palco giratório e o outro no chão fixo do palco restante, eu dava vários impulsos, em estilo patinete, até que ele se movesse, quase sempre aos solavancos, provocando reações inquietantes no público.

## A estreia

A estreia de *O Rei da Vela* me decepcionou, achei que a peça seria um fracasso. Deve ter sido muito parecida com a estreia de *Vestido de Noiva* do Nelson Rodrigues em 1943.

Quando o espetáculo terminou, ninguém disse nada, não houve aplausos, ninguém manifestou qualquer sinal de reação por menor que fosse. Silêncio! Ninguém levantava, ninguém saía, ninguém dizia nada. As pessoas se cumprimentavam com acenos, faziam expressões de "como vai, tudo bem?".

É como sempre digo: brasileiro tem medo de ser burro, de ser apanhado em flagrante. Quando viemos para a plateia cumprimentar os amigos, as pessoas sorriam para nós com um ar enigmático e o máximo que diziam era "que coisa, heim!". Um sujeito subiu no palco, no fim do espetáculo, procurando o autor. Queria matá-lo.

Confesso que foi decepcionante o clima da estreia e dos primeiros dias de temporada.

## Os intelectuais

Foi preciso que Décio de Almeida Prado, Sábato Magaldi, os irmãos Campos, Décio Pignatari, Yan Michalski e muitos intelectuais de peso viessem em nosso socorro, enchendo páginas e páginas de jornais com críticas e crônicas maravilhosas, para que o público paulista perdesse o medo de testemunhar aquela "coisa nova" escrita entre 1932-3 (e publicada em 1937).

*O Rei da Vela* foi considerado um marco, uma linha divisória na história do moderno teatro brasileiro. Nosso espetáculo foi dedicado a Glauber Rocha por causa de *Terra em transe*. A antropofagia oswaldiana ressurgia com força total no filme de Glauber e atingia seu ápice com a montagem de *O Rei da Vela* numa genial direção de Zé Celso. O Cinema Novo veio todo ao nosso encontro e começou aí um movimento que só veio a ser batizado, meses depois, com a estreia de *O Rei da Vela* no Rio de Janeiro em plena praça Tiradentes, no Teatro João Caetano, berço das antigas Revistas Cariocas.

## A música

Tivemos, em São Paulo, dois espectadores cativos: Caetano Veloso e Gilberto Gil. Os dois estavam iniciando suas carreiras fora da Bahia e seu sucesso nacional já se evidenciava em 1967. Caetano era o que se pode chamar de uma "figura": cabelo estilo *black*, ponche roxo e, se não me falha a memória, um dia apareceu no teatro trazendo um jabuti com o casco pintado de esmalte verde e amarelo como se fosse um cachorrinho na coleira. Gil era bem mais gordinho do que hoje. Os dois inteligentíssimos, cultos, brilhantes mesmo.

Zé Celso e eu nos aproximamos muito deles. O apartamento imenso em que moravam na avenida São Luís passou a ser frequentado por nós. Eu adorava ouvi-los falar de poesia. Foi quando Caetano me propôs compor uma música para acompanhar um dos monólogos da peça: "A história do Jujuba". Passamos uma tarde trabalhando sobre o texto de Oswald e em poucos dias a canção do Jujuba estava incluída no espetáculo. Meu personagem, Abelardo i, em agonia, cantava:

*Era um simples cachorro,*
*um cachorro de rua,*
*mas um cachorro idealista.*
*Os soldados de um quartel adotaram-no,*
*Jujuba ficou sendo o mascote do batalhão.*
*Mas o Jujuba era amigo*
*dos seus companheiros de rua.*
*Na hora da boia aparecia trazendo*
*dois, três, quatro,*
*em pouco tempo a cachorrada*
*magra, suja, miserável*
*enchia o pátio do quartel.*
*Um dia o major deu o estrilo.*
*Os soldados se opuseram à saída do mascote, tomaram Jujuba nos braços*
*e espingardearam os outros cachorros.*
*A cachorrada vadia voltou para a rua,*
*mas quando o Jujuba se viu solto*
*recusou-se a gozar do privilégio*
*que queriam lhe dar.*
*Foi com os outros, foi com os outros*

(Abelardo ii gritava: DEMAGOGIA! E Abelardo i continuava a canção)

*Não, ele provou que não,*
*nunca mais voltou pro quartel.*

*Morreu batido, esfomeado,*
*como os outros, solidário*
*com a sua classe, solidário*
*com a sua fome.*
*Os soldados ergueram um monumento ao Jujuba no pátio do quartel.*
*Compreenderam?*
*O que não trai, que não trai, que não trai.*
*Eram seus irmãos.*
*Os soldados também são da mesma classe do Jujuba,*
*um dia também deixarão atropeladamente os quartéis.*
*Será a revolução social!*
*Os que dormem nas soleiras das portas*
*se levantarão e virão até aqui*
*procurar o usurário Abelardo*
*e hão de encontrar vocês.*

## Reação do Exército

A canção se tornou um sucesso e os milicos morriam de ódio. Como censurar um dos líderes da Semana de Arte Moderna de 22? Além do mais, o texto tinha sido escrito nos anos 1930! Claro que nos aproveitamos muito disso para falar do Brasil de 1967-8. *O Rei da Vela* era de uma atualidade chocante. Abelardo 1 falava do imperialismo americano como ninguém antes ousara falar:

Você acredita que New York teria aquelas babéis vivas de arranha-céus e as vinte mil pernas mais bonitas da Terra se não se trabalhasse para Wall Street de Ribeirão Preto a Cingapura, de Manaus a Libéria? Eu sei que sou um simples feitor do capital estrangeiro. Um lacaio, se quiserem! Mas eu não me queixo. É por isso que possuo uma ilha, uma lancha e você.

Seguiam-se outras falas igualmente contundentes: "Era o país mais lindo do mundo, não tem agora uma nuvem desonerada. Devemos tudo, o que temos e o que não temos. Hipotecamos palmeiras... quedas de água. Cardeais!".

## Um personagem grandioso

Abelardo I era um capitalista usurário que emprestava dinheiro a juros altíssimos aos excluídos do sistema capitalista, mas tinha plena consciência crítica e existencial do papel que desempenhava nesse regime. Ele vendia velas de sebo para os agonizantes, e uma de suas falas eu jamais esquecerei: "Num país medieval como o nosso, quem se atreve a passar os umbrais da eternidade sem uma vela na mão? Herdo um tostão em cada morto nacional!". Essa fala era invariavelmente aplaudida todas as noites.

## Estreia no Rio de Janeiro

Em dezembro de 1967, terminamos a primeira temporada de *O Rei da Vela* em São Paulo. Tínhamos estreia marcada no Rio para os primeiros dias de janeiro de 1968. Dessa estreia em diante a peça virou um mito nacional.

O verão de 1968 foi particularmente brilhante. Caetano e Gil lançaram o disco *Tropicália* inspirados na peça. Artistas plásticos como Vergara, Hélio Oiticica com seus parangolés vieram juntar-se a nós. Compositores como Jards Macalé, Capinam, Torquato Neto entraram na "geleia geral" do movimento que foi batizado de Tropicalismo. Isso virou a epidemia do verão carioca. Nós éramos "celebridades". O João Caetano lotado até o teto com um público ávido pelas descobertas, as discussões e as revoluções de linguagem cênica propostas pelo espetáculo. O Brasil estava ali, ensanguentado no meio do palco.

## A cilada do sistema

Comecei a ser convidado para comparecer a festas da alta sociedade carioca. Lembro-me de ter mandado fazer um terno de linho branco que eu usava com um chapéu-panamá, sapato bico fino duas cores e um charutão na boca. As crônicas sociais registravam minha presença como uma das atrações daquelas noitadas.

Nós atacávamos o sistema, mas o sistema, sem que percebêssemos, começava a nos devorar pelos pés.

Fomos convidados a posar vestidos com os figurinos da peça para a revista *Manchete* junto com os modelos da Rhodia. Ofereceram um cachê altíssimo e claro que todos aceitaram. Só percebemos a doce cilada quando começamos a encontrar nas butiques de Ipanema modelitos tropicalistas a preços exorbitantes. Tínhamos virado objeto de consumo para grã-fino. Tudo bem. A peça não perdia sua força.

Antropofagia é isso: eles nos comem e a gente continua devorando o imenso cadáver gangrenado do Brasil por dentro. Autópsia canibal.

# O REI DA VELA:
## MANIFESTO DO OFICINA[*]

### JOSÉ CELSO MARTINEZ CORRÊA

**O OFICINA PROCURAVA** um texto para a inauguração de sua nova casa de espetáculos que ao mesmo tempo inaugurasse a comunicação ao público de toda uma nova visão do teatro e da realidade brasileira. As remontagens que o Oficina foi obrigado a realizar, por causa do incêndio, estavam defasadas em relação à sua visão do Brasil destes anos depois de abril de 64. O problema era o do "aqui e agora". E o "aqui e agora" foi encontrado em 1933 n'*O Rei da Vela* de Oswald de Andrade.

Senilidade mental nossa? Modernidade absoluta de Oswald? Ou pior, estagnação da realidade nacional?

Eu havia lido o texto há alguns anos e ele permanecera mudo para mim. Me irritara mesmo. Me parecia modernoso e futuristoide. Mas mudou o Natal e mudei eu. De repente, depois de toda a festividade pré e pós-golpe esgotar as possibilidades de cantar a nossa terra, uma leitura do texto em voz alta para um grupo de pessoas fez saltar todo o percurso de Oswald na sua tentativa de tornar obra de arte toda a sua consciência possível de seu tempo. E *O Rei da Vela* (viva o mau gosto da imagem!) iluminou um escuro enorme do que chamamos realidade brasileira, numa síntese

---

[*] Publicado originalmente em Oswald de Andrade, *O Rei da Vela*. São Paulo: Difusão Europeia do Livro, 1967, pp. 45-52. (N. C.)

quase inimaginável. E ficamos bestificados quando percebemos que o teto deste edifício nos cobria também. Era a nossa mesma realidade brasileira que ele ainda iluminava. Sob ele encontramos o Oswald grosso, antropófago, cruel, implacável, negro, apreendendo tudo a partir de um *cogito* muito especial. "Esculhambo, logo existo"! E esse esculhambo era o meio de conhecimento e expressão de uma estrutura que sua consciência captava como inviável. Pois essa consciência se inspirava numa utopia de um país futuro, negação do país presente, de um país desligado dos seus centros de controle externo e consequentemente do escândalo de sua massa marginal faminta. Para captar essa totalidade era preciso um superesforço. Tudo isso não cabia no teatro da época, apto somente para exprimir os sentimentos brejeiros luso-brasileiros. Era preciso então reinventar o teatro. E Oswald reinventou o teatro.

Para exprimir uma realidade nova e complexa era preciso reinventar formas que captassem essa nova realidade. E Oswald nos deu n'*O Rei da Vela* a "fôrma" de tentar apreender através de sua consciência revolucionária uma realidade que era e *é* o oposto de todas as revoluções. *O Rei da Vela* ficou sendo uma revolução de forma e conteúdo para exprimir uma não revolução. De sua consciência utópica e revolucionária Oswald reviu seu país. E em estado de criação quase selvagem captou toda a falta de criatividade e de história de sua nação. A peça, seus 34 anos, o fato de não ter sido montada até hoje, enfim tudo fez com que captássemos as mensagens de Oswald e as fizéssemos nossas mensagens de hoje. Comunicação de nossa visão da realidade brasileira e das novas formas que o teatro deve inventar para captá-la. *O Rei da Vela* acabou virando manifesto para comunicarmos no Oficina, através do teatro e do antiteatro, a "chacriníssima" realidade nacional. Essa realidade que Olavo Bilac já mencionava falando às crianças que nunca, nunca, veriam igual. E que, portanto, somente um teatro fora de todos os conceitos do ser ou não ser teatro, fora do escoteirismo teatral, poderia exprimir.

A falta de medo da inteligência de Oswald, seu anarquismo generoso, seu mau gosto, sua grossura são os instrumentos para captar a vida do "homem recalcado do Brasil! Produto do clima, da economia escrava e da moral desumana que faz milhões de onanistas desesperados e de pederastas... Com esse sol e essas mulheres!... Para manter o imperialismo e a família reacionária". N'*O Rei da Vela* todo esforço do homem brasileiro é para manter, através da autóctone e única ideologia nacional, o "oportunismo", seu statu quo, paradoxalmente um statu quo que é exatamente a engrenagem que o perde.

De um lado, a história dos Mr. Jones (personagem americano da peça) e de outro os Jujubas (massa de marginais representada na peça não por um ser humano, mas por um cachorro) e sua não história — no centro o chamado "homem brasileiro" que só e impotente para fazer sua história tem que partir para seu simulacro de história: sua existência carnavalesca, teatral e operística. *O Rei da Vela* de 1933, escrita por uma consciência dentro dos entraves que não os mesmos de 1967, mostra a vida de um país em termos de show, teatro de revista e opereta. Não há história, não há ação no sentido hegeliano. A tese não engendra sua antítese por si só.

A estrutura (tese) se defende (ideologicamente, militarmente, economicamente) e se mantém e inventa um substitutivo de história e assim de tudo emana um fedor de um imenso, de um quase cadáver gangrenado ao qual cada geração leva seu alento e acende sua vela. História não há. Há representação da História. Muito cinismo por nada.

Oswald através de uma simbologia rica nos mostra *O Rei da Vela* se mantendo na base da exploração ("Herdo um tostão de cada morto nacional!") e da Frente Única Sexual, isto é, do conchavo com tudo e com todos (a vela como fálus): conchavo com a burguesia rural, com o imperialismo, com o operariado etc., para manter um pequeno privilégio (não é o rei do petróleo, do aço, mas, simplesmente, o da mixuruca vela). Toda essa simbologia procura conhecer a realidade de um país sem História, preso a determinados coágulos que não permitem que sua história possa fluir. E faz desse personagem emanações, formas mortas, sem movimento, mas tendo como substituto toda uma falsa agitação, uma falsa euforia e um delírio verde-amarelo, ora ufanista, ora desenvolvimentista, ora festivo, ora defensor da segurança da pátria, mas sempre teatro, sempre *mise-en-scène*, sempre brincadeira de verdade, baile do Municipal, procissão, desfile patriótico; marchas da família, Brasílias, cenário de ópera. A peça é a mesma, trocam-se as plumas.

A história real somente se fará com a devoração total da estrutura. Com a cidadela tomada não por dentro, mas por fora. Onde só a fecundidade da violência poderá partir a História.

O humor grotesco, o sentido da paródia, o uso de formas feitas, de teatro no teatro, literatura na literatura, faz do texto uma colagem do Brasil de 30. Que permanece uma colagem ainda mais violenta do Brasil de trinta anos depois, pois acresce a denúncia da permanência e da velhice destes mesmos e eternos personagens.

Nós somos muito subdesenvolvidos para reconhecer a genialidade da obra de Oswald. Nosso ufanismo vai mais facilmente para a badalação do óbvio, sem risco, do que para a descoberta de algo que mostre a realidade de nossa cara verdadeira. E é verdade que a peça não foi nem levada a sério até agora. Mas hoje que a cultura internacional se volta para o sentido da arte como linguagem, como leitura da realidade através das próprias expressões de superestrutura que a sociedade espontaneamente cria, sem mediação do intelectual (história em quadrinhos, por exemplo), a arte nacional pode subdesenvolvidamente também, se quiser, e pelo óbvio, redescobrir Oswald. Sua peça está surpreendentemente dentro da estética mais moderna do teatro e da arte atual. A superteatralidade, a superação mesmo do racionalismo brechtiano através de uma arte teatral síntese de todas as artes e não artes, circo, show, teatro de revista etc.

A direção será uma leitura minha do texto de Oswald. E vou me utilizar de tudo que Oswald utilizou, principalmente de sua liberdade de criação. Uma montagem tipo fidelidade ao autor em Oswald é um contrassenso. Fidelidade ao autor é tentar reencontrar um clima de criação violenta em estado selvagem na criação dos atores, do cenário, do figurino, da música etc. Ele quis dizer muita coisa, mas, como mergulhou de cabeça, tentando fazer uma síntese afetiva e conceitual do seu tempo, acabou o texto dizendo muito mais do que seu autor quis dizer.

A peça é fundamental para a timidez artesanal do teatro brasileiro de hoje, tão distante do arrojo estético do Cinema Novo. Eu posso cair no mesmo artesanato, já que há um certo clima que se respira, na falta de coragem e mesmo possibilidade de dizer o que se quer e como se quer (censura, por exemplo). Eu padeço talvez do mesmo mal do teatro do meu tempo, mas dirigindo Oswald eu confio me contagiar um pouco, como a todo o elenco, com sua liberdade. Ele deflorou a barreira da criação no teatro e nos mostrou as possibilidades do teatro como forma, isto é, como arte e como antiarte. Como expressão audiovisual. E principalmente como mau gosto. Única forma de expressar o surrealismo brasileiro. Fora Nelson Rodrigues, Chacrinha talvez seja seu único seguidor, sem sabê-lo.

O primeiro ato se passa numa São Paulo, cidade símbolo da grande urbe subdesenvolvida, coração do capitalismo caboclo, onde uma massa enorme, estabelecida ou marginal, procura através da gravata ensebada se ligar ao mundo civilizado europeu. Uma São Paulo de dobrado quatrocentão, que somente o olho de Primo Carbonari consegue apanhar sem mistificar. O local da ação é um escritório de usura, que passa a ser metáfora de todo um país hipotecado ao imperialismo. A burguesia brasileira lá está retratada com sua caricatura — um escritório de usura onde o amor, os juros, a criação intelectual, as palmeiras, as quedas d'água, cardeais, o socialismo, tudo entra em hipoteca e dívida ao grande patrão ausente em toda ação e que faz no final do ato sua entrada gloriosa. É um mundo kafkiano, onde impera o sistema da casa. Todo o ato tem uma forma pluridimensional, futurista, na base do movimento e da confusão da cidade grande. O estilo vai desde a demonstração brechtiana (cena do cliente) ao estilo circense (jaula), ao estilo de conferência, teatro de variedades, teatro no teatro.

O segundo ato é o da Frente Única Sexual, passado numa Guanabara de farra brasileira, uma Guanabara de telão pintado *made in the states*, verde-amarela.

É o ato de *como vive*, como é o ócio do burguês brasileiro. O ócio utilizado para os conchavos. A burguesia rural paulista decadente, os caipiras trágicos, personagens de Jorge de Andrade e Tennessee Williams vão para conchavar com a nova classe, com os reis da vela, e tudo sob os auspícios do americano. A única forma de interpretar essa falsa ação, essa maneira de viver *pop* e irreal é o teatro de revista, a praça Tiradentes. Assim como São Paulo é a capital de *como opera* a burguesia progressista, na comédia da seriedade da vida do *businessman* paulistano, na representação através dos figurinos engravatados e da arquitetura que, como diz Lévi-Strauss, parece ter sido feita para se rodar um filme, o Rio, ao contrário, é a representação, a farsa de revista de *como vive* o burguês, a representação de uma falsa alegria, da vitalidade que na época começava na Urca e hoje se enfossa na bossa de Ipanema.

O terceiro ato é a tragicomédia da morte, da agonia perene da burguesia brasileira, das tragédias de todas as repúblicas latino-americanas com seus reis tragicômicos vítimas do pequeno mecanismo da engrenagem. Um cai, o outro o substitui. Forças ocultas, suicídios, renúncias, numa sucessão de Abelardos que não modifica em nada as regras do jogo. O estilo shakespeariano interpreta em parte, principalmente através das análises do polonês Jan Kott,[1] esse processo; mas o mecanismo não é o da história feudal, mas, sim, o mecanismo das engrenagens imperialistas — um mecanismo um pouco mais grotesco, mesmo porque se sabe hoje que ele é superável, passível de destruição. A ópera passou a ser a forma de melhor comunicar este mundo. E a música do Verdi brasileiro, Carlos Gomes, *O Escravo* e o nosso pobre teatro de ópera, com a cortina econômica de franjas, douradas e pintadas, passa a ser a moldura desse ato.

Aparentemente há desunificação. Mas tudo é ligado como as várias opções de teatralizar, mistificar um mundo onde a história não passa do prolongamento da história das grandes potências. E onde não há ação real, modificação na matéria do mundo, somente o mundo onírico do faz de conta tem vez.

A unificação de tudo formalmente se dará no espetáculo através das várias metáforas presentes no texto, nos acessórios, no cenário, nas músicas. Tudo procura transmitir essa realidade de muito barulho por nada, onde todos os caminhos tentados para superá-la até agora se mostram inviáveis. Tudo procura mostrar o imenso cadáver que tem sido a não História do Brasil nestes últimos anos, à qual nós todos acendemos nossa vela para trazer, através de nossa atividade cotidiana, alento. 1933-67: são 34 anos. Duas gerações pelo menos levaram suas velas. E o corpo continua gangrenado.

Minha geração, tenho impressão, apanhará a bola que Oswald lançou com sua consciência cruel e antifestiva da realidade nacional e dos difíceis caminhos de revolucioná-la. São os dados que procuramos tornar legíveis no nosso espetáculo.

---

[1] Em *Shakespeare our Contemporary* [ed. bras.: *Shakespeare nosso contemporâneo*. Trad. de Paulo Neves. São Paulo: Cosac Naify, 2003]. (N. C.)

E volto para meu trabalho, para a redação do espetáculo-manifesto do Oficina. Espero passar a bola para frente com o mesmo impulso que a recebi. Força total. Chega de palavras: volto para o ensaio.

Oficina, 4 de setembro de 1967
Ensaio de *O Rei da Vela*

## O REI DA VELA NO CARNAVAL DE 2017

Retomada da Revolução Cultural Oswaldiana onde sempre Re-começa: quando o Brasil Golpeado é posto de novo à venda.

Escrevo nesta Quarta-Feira de Cinzas do Carnaval 2017, q foi a primeira Grande Resposta Insurrecional ao Golpe de 2016 pela Entidade VICE de Abelardo II.

Agora nos cinquenta anos de *O Rei da Vela*, sincrônico aos da *Tropicália*, parece q o Golpe de 2016 foi dado pra ser o Cenário desta nossa nova encenação. Q luxo!

O Grande Maquinismo do poder regido pelo *Good Business* de Mr. Trump Jones, pelo próprio Mercado y seu$ Rentista$, Coroam o Banqueiro Abelardo I, mais uma vez no Poder. No 3º Ato da peça ele diz: *"já hipotecamos tudo ao estrangeiro, até a paisagem! Era o país mais lindo do mundo. Não tem agora, uma nuvem desonerada"*.

A TragiComédia do Brazyl posto à venda!

No dia 30 de março de 2017, dois atores de *O Rei da Vela* de 1967, Renato Borghi, o Abelardo I, y o q vos escreve, Zé Celso, q fez a voz do *Corifeu dos Desonrados da Sociedade Capitalista*, comemoramos nossos oitenta anos em plena ÓPERA DE CARNAVAL: BACANTES, no Teatro Oficina.

Essa Macumba Dionisíaca renova as energias q habitam nossos corpos pra criação das OSWALDIANAS.

Em 2017, mergulho da recriação da peça d'onde nasceu tudo o q fiz depois d'ela: Retorno à matriz do *OficinaUzinaUzona*: O REI DA VELA 2017, abrindo alas pra: A MORTA, até a Encenação no TEATRO DE ESTÁDIO no *Entorno Tombado do Oficina: o "Anhangabaú da Feliz Cidade"*, da peça inspirada no maior momento de Arte Pública do Mundo: os primeiros anos da *Centenária Revolução Soviética com*: MAIAKOVSKI, MEYERHOLD, EISENSTEIN, TATLIN, DZIGA VERTOV y muitos outros em seu Elenco.

Só q OSWALD comeu todos, com mais humor y teatralidade com: *"O HOMEM E O CAVALO"*

Sempre em ótima companhia, encenamos-vivemos Oswald: quer nas peças dele ou não. OSWALDEIO, LOGO EXISTO.

Assim, fazemos existir o *"Teatro Brazyleiro Antropófago"*.

O.A. inspirou até a Arquitetura Urbanista de Lina Bo Bardi e Edson Elito, no *"Teatro Oficina Terreiro Elektrônico"*. A peça estreou inaugurando o segundo Teatro Oficina y logo sentiu q aquele espaço não condizia mais com o q a peça de Oswald trazia. O terceiro Oficina considerado: *"O melhor y o mais Intenso Teatro do Mundo entre os Dez Melhores"* — foi assim q o crítico de arquitetura do *The Guardian*, em 2015, descobriu este lugar pra História do Teatro Mundial.

As peças de Oswald trazem a força de sua obra poética e filosófica inspiradas na cosmo-visão-política-antropófaga dos BURÚS=GENTE, quer dizer desses q, por erro de português, os lusitanos, pensando q tivessem aportado nas Índias, chamaram os habitantes pelados de índios. A Epopeia Revolucionária Cultural Oswaldina é social, mas *Imanentemente Có(s)mica, quer dizer Terraquea*. É *Revolução Cultural Cósmo Política* comendo mais uma vez, a Civilização da Cruz + q virou a do $ifrão: $. A Estética TeAT(r)AL de O.A. encenada é a própria *Revolução Cultural* q o ex-presidente do Uruguay — o imenso Zé Mojica — sente como única possibilidade de cultivarmos nas ruínas do capitalismo estraçalhador dos povos, paisagens, nações, ar, natureza.

Há cinquenta anos, 1967, eu operei a garganta y não pude sair pro Carnaval. Estava preparando a 1ª encenação de *O Rei da Vela* — chegou às minhas mãos uma revista *Time* com o general ditador Costa e Silva na capa e, atrás dele, umas folhas de Bananeiras verdes, pintadas. Dentro havia uma grande reportagem sobre *Artistas da Cultura Brazyleira* q despontariam depois, na Tropicália. Ouvi no rádio na gravação original de Almirante: "*Yes, nós temos bananas*". Vi q o *Time* y a marchinha de Almirante tinham me engravidado pra parir *O Rei da Vela*.

Hoje não se encontra mais tanto bananas q não sejam intoxicadas pelo agronegócio, transformadas em espécie arma mortífera: banana no sentido da guerra química.

Mas o **Movimento dos Trabalhadores Rurais Sem Terra** já está criando na sua "*Yes! Nós ainda temos bananas*".

"*Religião da Raça*", como Osvald chamava o Carnaval, em 2017, tanto dos BLOCOS DAS MULTIDÕES, no Brasil todo, quanto as maravilhas dos desfiles requintadíssimos, belos, grande arte, das escolas de samba do Rio, deram uma virada no Brazyl Golpeado. Quem podia imaginar o Cacique Raony, no Desfile da IMPERATRIZ LEOPOLDINENSE acompanhado de muitos BURÚS, num carro alegórico!?

Enquanto isso, o novo Ministro da Justiça q quer acabar com a *FUNAI* y passar a demarcação de terras *pr'aquele* congresso de boçais q todos vimos na TV no dia do impeachment de Dilma.

Tudo isso me inspira a reinterpretar a Grande Obra do Poeta Carnavalesco Oswald de Andrade com a mesma potência de cinquenta anos atrás. Tudo q vivi com minha geração y as novas q vieram nesses cinquenta anos, resultam num estado excitante:

A JAULA (personagens do *CORO* da peça) onde um governo Golpista quer nos prender no delírio hitlerista de vinte anos de austeridade imposta por políticos sem talento. Não vingará!

A JAULA não é a mesma de *O Rei da Vela* de 1967. A multidão q querem engaiolar provou mais ainda neste Carnaval: inverteu o jogo. Os blocos de milhões de pessoas nas ruas do Brasil todo, curtindo a vida, transformando o FORA TEMER num poema seminal vindo das multidões, no caldeirão cultural q vai muito além da Pessoa Fantoche dos Rentista$ do Capital q usurpou o Poder pra "T(r)emer com seus Cupincha$".

O Carnaval é a inversão de todos os valores da Cultura Brazyleira, sobretudo na Arte de Exportação Oswaldiana. Vale ser praticado nas suas mais diversas formas nos 365 dias das giradas da Terra em torno do Sol.

Essa história toda retorna agora à sua origem: o ponto de mutação q foi a encenação de *O Rei da Vela* em 1967.

Com o entusiasmo do deus Dionísio dentro, começo a estudar de novo essa obra q gerou tudo pra um Novo Ciclo destinado ao replantio da Cultura Brazyleira Antropófaga, q vai comer o assassinato do Brazyl y do Mundo desta última fase do capitalismo burro atrasado y conservador. Q venha o capital, mas q morram todos os ISMOS. Inclusive os POLÍTICO-CORRETISMOS, q só dividem a humanidade q precisa se ligar de novo y acabam se tornando, na meteção dos medíocres na vida alheia, um comportamento fascista!

*VIVA OS BURÚS:*

*TUPY OR NOT TUPY*

*THAT IS THE QUESTION,*

*E A RESPOSTA É*

*TO BE.*

Zé Celso

1 de março de 2017

Peça encenada pela primeira vez pelo Teatro Oficina de São Paulo em setembro de 1967, pela seguinte equipe de trabalho:

| | |
|---|---|
| Abelardo I | Renato Borghi |
| Abelardo II | Fernando Peixoto |
| Heloísa de Lesbos | Ítala Nandi |
| Joana (João dos Divãs) | Liana Duval |
| Totó Fruta-do-Conde | Edgar Gurgel Aranha |
| Coronel Belarmino | Francisco Martins |
| D. Cesarina | Etty Fraser |
| D. Poloquinha | Dirce Migliaccio |
| Perdigoto | Otávio Augusto |
| O Americano | Abrahão Farc |
| O Cliente | Francisco Martins |
| O Intelectual Pinote | Edgar Gurgel Aranha |
| A Secretária | Liana Durval |
| O Ponto | Adolfo Santanna |
| Figuração | Renato Dobal e outros |

**DIREÇÃO**: José Celso Martinez Corrêa
**CENOGRAFIA E FIGURINOS**: Hélio Eichbauer
**ASSISTENTE DE DIREÇÃO**: Carlos Alberto Christo
**TÉCNICOS**: Gilberto P. da Silva, Domingos Fiorani e Adolfo Santana

# Leituras recomendadas

AGUILAR, Gonzalo. "El regreso de los muertos vivos: *O Rei da Vela* de Oswald de Andrade". *Brasil/Brazil*, n. 29, Porto Alegre/Providence: PUC-RS/ Brown University, 2003, pp. 1-20. Reproduzido em AGUILAR, Gonzalo. *Por una ciencia del vestigio errático: ensayos sobre la antropofagia de Oswald de Andrade*. Buenos Aires: Grumo, 2010, pp. 49-76.

ANDRADE FILHO, Oswald de. "Quem é o Rei da Vela". Suplemento Literário, *O Estado de S. Paulo*, São Paulo, 23 set. 1967, p. 4.

CAMPOS, Haroldo de. "Uma leitura do teatro de Oswald". In: ANDRADE, Oswald de. *O Rei da Vela*. 7. ed. São Paulo: Globo, 1998, pp. 17-29.

CHAMIE, Mário. "A vela do pan-sexualismo". In: ANDRADE, Oswald de. *O Rei da Vela*. São Paulo: Difusão Europeia do Livro, 1967, pp. 17-27.

GARDIN, Carlos. *O teatro antropofágico de Oswald de Andrade. Da ação teatral ao teatro de ação*. 2. ed. São Paulo: Annablume, 1995.

JACOBBI, Ruggero. *O espectador apaixonado. Teatro de Oswald de Andrade*. Porto Alegre: Editora da Universidade Federal do Rio Grande do Sul, 1962.

LEVIN, Orna Messer. "A cara italiana da moeda em *O Rei da Vela*". *Travessia*, n. 39, Florianópolis, jul.-dez. 1999, pp. 103-18.

_____. "As acrobacias da farsa oswaldiana: uma leitura de *O Rei da Vela*". *Imagens*, n. 6, Campinas, jan.-abr. 1996, pp. 58-69.

MAGALDI, Sábato. *Teatro da ruptura: Oswald de Andrade*. São Paulo: Global, 2004.

PEIXOTO, Fernando. "Uma dramaturgia lúcida e radical". In: ANDRADE, Oswald de. *O Rei da Vela*. São Paulo: Difusão Europeia do Livro, 1967, pp. 28-44.

RAMOS, Graciliano. "O teatro de Oswald de Andrade". In: _____. *Linhas tortas*. São Paulo: Record, 2005, pp. 236-8.

SILVA, Armando Sérgio da. "*O Rei da Vela*, o encontro com a realidade nacional". In: _____. *Oficina, do teatro ao te-ato*. São Paulo: Perspectiva, 1981, pp. 141-56.

# Cronologia

**1890** Nasce José Oswald de Souza Andrade, no dia 11 de janeiro, na cidade de São Paulo, filho de José Oswald Nogueira de Andrade e de Inês Henriqueta de Souza Andrade. Na linhagem materna, descende de uma das famílias fundadoras do Pará, estabelecida no porto de Óbidos. É sobrinho do jurista e escritor Herculano Marques Inglês de Souza. Pelo lado paterno, ligava-se a uma família de fazendeiros mineiros de Baependi. Passou a primeira infância em uma casa confortável na rua Barão de Itapetininga.

**1900** Tendo iniciado seus estudos com professores particulares, ingressa no ensino público na Escola Modelo Caetano de Campos.

**1902** Cursa o Ginásio Nossa Senhora do Carmo.

**1905** Frequenta o Colégio de São Bento, tradicional instituição de ensino religioso, onde se torna amigo de Guilherme de Almeida. Conhece o poeta Ricardo Gonçalves.

**1908** Conclui o ciclo escolar no Colégio de São Bento.

**1909** Ingressa na Faculdade de Direito do Largo de São Francisco. Inicia profissionalmente no jornalismo, escrevendo para o *Diário Popular*. Estreia com o pseudônimo Joswald, nos dias 13 e 14 de abril, quando saem os dois artigos intitulados "Penando — De São Paulo a Curitiba" em que trata da viagem de seis dias do presidente Afonso Pena ao estado do Paraná. Conhece Washington Luís, membro da comitiva oficial e futuro presidente, de quem se tornaria amigo íntimo. Trabalha também como redator da coluna "Teatros e Salões" no mesmo jornal. Monta um ateliê de pintura com Osvaldo Pinheiro.

**1911** Faz viagens frequentes ao Rio de Janeiro, onde participa da vida boêmia dos escritores. Conhece o poeta Emílio de Meneses. Deixa o *Diário Popular*. Em 12 de agosto, lança, com Voltolino, Dolor Brito Franco e Antônio Define, o semanário *O Pirralho*, no qual usa o pseudônimo Annibale Scipione para assinar a seção "As Cartas d'Abaixo Pigues". No final do ano, interrompe os estudos na Faculdade de Direito e arrenda a revista a Paulo Setúbal e Babi de Andrade no intuito de realizar sua primeira viagem à Europa.

**1912** Embarca no porto de Santos, no dia 11 de fevereiro, rumo ao continente europeu. A bordo do navio *Martha Washington*, fica entusiasmado com Carmen Lydia, nome artístico da menina Landa Kosbach, de treze anos, que viaja para uma temporada de estudos de balé no teatro Scala de Milão. Visita a Itália, a Alemanha, a Bélgica, a Inglaterra, a Espanha e a França. Trabalha como correspondente do matutino *Correio da Manhã*. Em Paris, conhece sua primeira esposa, Henriette Denise Boufflers (Kamiá), com quem retorna ao Brasil em 13 de setembro a bordo do navio *Oceania*. Não revê a mãe, falecida no dia 6 de setembro. Tem sua primeira experiência poética ao escrever "O último passeio de um tuberculoso, pela cidade, de bonde" e rasgá-lo em seguida.

**1913** Frequenta as reuniões artísticas da Villa Kyrial, palacete do senador Freitas Vale. Conhece o pintor Lasar Segall que, recém-chegado ao país, expõe pela primeira vez em Campinas e São Paulo. Escreve o drama *A recusa*.

**1914** Em 14 de janeiro, nasce José Oswald Antônio de Andrade (Nonê), seu filho com a francesa Kamiá. Acompanha as aulas do programa de bacharelado em ciências e letras do Mosteiro de São Bento.

**1915** Publica, em 2 de janeiro, na seção "Lanterna Mágica" de *O Pirralho*, o artigo "Em prol de uma pintura nacional". Junto com os colegas da redação, cultiva uma vida social intensa, tendo ainda como amigos Guilherme de Almeida, Amadeu Amaral, Júlio de Mesquita Filho, Vicente Rao e Pedro Rodrigues de Almeida. Vai com frequência ao Rio de Janeiro, onde participa da vida boêmia ao lado dos escritores Emílio de Meneses, Olegário Mariano, João do Rio e Elói Pontes. Mantém uma relação íntima com a jovem Carmen Lydia, cuja carreira estimula, financiando seus estudos de aperfeiçoamento e introduzindo-a nos meios artísticos. Com apoio de *O Pirralho*, realiza um festival no salão do Conservatório Dramático e Musical, em homenagem a Emílio de Meneses, em 4 de setembro.

**1916** Inspirado no envolvimento amoroso com Carmen Lydia, escreve, em parceria com Guilherme de Almeida, a peça *Mon Coeur balance*, cujo primeiro ato é divulgado em *A Cigarra*, de 19 de janeiro. Também em francês, assina, com Guilherme de Almeida, a peça *Leur Âme*, reproduzida em parte na revista *A Vida Moderna*, em maio e dezembro. Ambas foram reunidas no volume *Théâtre Brésilien*, lançado pela Typographie Ashbahr, com projeto gráfico do artista Wasth Rodrigues. Em dezembro, a atriz francesa Suzanne Desprès e seu cônjuge Lugné-Poe fizeram a leitura dramática de um ato de *Leur Âme* no Theatro Municipal de São Paulo. Oswald volta a frequentar a Faculdade de Direito e trabalha como redator do diário *O Jornal*. Faz viagens constantes ao Rio de Janeiro, onde Carmen Lydia vive sob a tutela da avó. Lá conhece a dançarina Isadora Duncan, em turnê pela América do Sul, e a acompanha nos passeios turísticos durante a temporada paulistana. Assina como Oswald de Andrade os trechos do futuro romance *Memórias sentimentais de João Miramar*, publicados em 17 e 31 de agosto em *A Cigarra*. Publica trechos também em *O Pirralho* e *A Vida Moderna*. Assume a função de redator da edição paulistana do *Jornal do Commercio*. Escreve o drama *O filho do sonho*.

**1917** Conhece o escritor Mário de Andrade e o pintor Di Cavalcanti. Forma com eles e com Guilherme de Almeida e Ribeiro Couto o primeiro grupo modernista. Aluga uma garçonnière na rua Líbero Badaró, nº 67.

**1918** Publica no *Jornal do Commercio*, em 11 de janeiro, o artigo "A exposição Anita Malfatti", no qual defende as tendências da arte expressionista, em resposta à crítica "Paranoia ou mistificação", de Monteiro Lobato, publicada em 20 de dezembro de 1917 em *O Estado de S. Paulo*. Em fevereiro, *O Pirralho* deixa de circular. Cria, a partir de 30 de maio, o "Diário da Garçonnière", também intitulado *O perfeito cozinheiro das almas* *deste mundo.* Os amigos mais assíduos, Guilherme de Almeida, Léo Vaz, Monteiro Lobato, Pedro Rodrigues de Almeida, Ignácio da Costa Ferreira e Edmundo Amaral, participam do diário coletivo que registra ainda a presença marcante da normalista Maria de Lourdes Castro Dolzani, conhecida como Deisi, Daisy e Miss Cyclone. As anotações, datadas até 12 de setembro, revelam seu romance com Daisy, que por motivos de saúde foi obrigada a voltar para a casa da família, em Cravinhos.

**1919** Perde o pai em fevereiro. Ajuda Daisy a se estabelecer em São Paulo. Publica, na edição de maio da revista dos estudantes da Faculdade de Direito, *O Onze de Agosto*, "Três capítulos" (Barcelona — 14 de julho em Paris — Os cinco dominós) do romance em confecção *Memórias sentimentais de João Miramar*. No dia 15 de agosto, casa-se in extremis com Daisy, hospitalizada devido a um aborto malsucedido, tendo como padrinhos Guilherme de Almeida, Vicente Rao e a mãe dela. No dia 24 de agosto, Daisy morre, aos dezenove anos, e é sepultada no jazigo da família Andrade no cemitério da Consolação. Conclui o bacharelado em direito sendo escolhido o orador do Centro Acadêmico XI de agosto.

**1920** Trabalha como editor da revista *Papel e Tinta*, lançada em maio e publicada até fevereiro de 1921. Assina Marques D'Olz e escreve, com Menotti Del Picchia, o editorial da revista, que contou com a colaboração de Mário de Andrade, Monteiro Lobato e Guilherme de Almeida, entre outros. Conhece o escultor Victor Brecheret, na ocasião trabalhando na maquete do *Monumento às bandeiras*, em comemoração ao Centenário da Independência, a se realizar em 1922. Encomenda-lhe um busto de Daisy, a falecida Miss Cyclone.

**1921** No dia 27 de maio, apresenta no *Correio Paulistano* a poesia de Mário de Andrade com o artigo "O meu poeta futurista". Cria polêmica com o próprio amigo, que lhe responde no dia 6 de junho com uma indagação, "Futurista?", a qual tem por réplica o artigo "Literatura contemporânea", de 12 de junho. No mesmo diário, publica trechos inéditos de *A trilogia do exílio II* e *III*, acompanhados de uma coluna elogiosa de Menotti Del Picchia. Em busca de adesões ao modernismo, viaja com outros escritores ao Rio de Janeiro, onde se encontra com Ribeiro Couto, Ronald de Carvalho, Manuel Bandeira e Sérgio Buarque de Holanda.

**1922** Participa ativamente da Semana de Arte Moderna, realizada de 13 a 17 de fevereiro no Theatro Municipal de São Paulo, quando lê fragmentos inéditos de *Os condenados* e *A estrela de absinto* (volumes I e II de *A trilogia do exílio*). Integra o grupo da revista modernista *Klaxon*, lançada em maio. Divulga, no quinto número da revista, uma passagem inédita de *A estrela de absinto*. Publica *Os condenados*, com capa de Anita Malfatti, pela casa editorial de Monteiro Lobato. Forma, com Mário de Andrade, Anita Malfatti, Tarsila do Amaral e Menotti Del Picchia, o chamado "grupo dos cinco". Viaja para a Europa no mês de dezembro pelo navio da Compagnie de Navigation Sud-Atlantique.

**1923** Ganha na Justiça a custódia do filho Nonê, que viaja com ele à Europa e ingressa no Lycée Jaccard, em Lausanne, na Suíça. Durante os meses de janeiro e fevereiro, passeia com Tarsila pela Espanha e Portugal. A partir de março, instala-se em Paris, de onde envia artigos sobre os ambientes intelectuais da época para o *Correio Paulistano*. Trava contatos com a vanguarda francesa, conhecendo, em maio, o poeta Blaise Cendrars. Profere uma conferência na Sorbonne intitulada "L'Effort intellectuel du Brésil contemporain", traduzida e divulgada pela *Revista do Brasil*, em dezembro.

**1924** Recebe, no início de fevereiro, o amigo Blaise Cendrars, que conhecera em Paris. Escreve um texto elogioso sobre ele no *Correio Paulistano*. Leva-o para assistir ao Carnaval do Rio de Janeiro. Em 18 de março, publica, na seção "Letras & Artes" do *Correio da Manhã*, o "Manifesto da Poesia Pau Brasil", reproduzido pela *Revista do Brasil* nº 100, em abril. Na companhia de Blaise Cendrars, Mário de Andrade, Tarsila do Amaral, Paulo Prado, Goffredo da Silva Telles e René Thiollier, forma a chamada caravana modernista, que excursiona pelas cidades históricas de Minas Gerais, durante a Semana Santa, realizando a "descoberta do Brasil". Dedica a Paulo Prado e a Tarsila seu livro *Memórias sentimentais de João Miramar*, lançado pela Editora Independência, com capa de Tarsila. Faz uma leitura de trechos inéditos do romance *Serafim Ponte Grande* na residência de Paulo Prado. Participa do v Ciclo de Conferências da Villa Kyrial, expondo suas impressões sobre as realizações intelectuais francesas. Publica poemas de *Pau Brasil* na *Revista do Brasil* de outubro. Viaja novamente à Europa a bordo do *Massília*, estando em novembro na Espanha. Instala-se em Paris com Tarsila.

**1925** Visita o filho Nonê, que estuda na Suíça. Retorna ao Brasil em maio. Sai o livro de poemas *Pau Brasil*, editado com apoio de Blaise Cendrars pela editora francesa Au Sans Pareil, com ilustrações de Tarsila do Amaral e um prefácio de Paulo Prado. Publica em *O Jornal* o rodapé "A poesia Pau Brasil", no qual responde ao ataque feito pelo crítico Tristão de Ataíde no mesmo matutino, nos dias 28 de junho e 5 de julho, sob o título "Literatura suicida". No dia 15 de outubro, divulga em carta aberta sua candidatura à Academia Brasileira de Letras para a vaga de Alberto Faria, mas não chega a regularizar a inscrição. Oficializa o noivado com Tarsila do Amaral em novembro. O casal parte rumo à Europa, em dezembro. Na passagem do ano, visitam Blaise Cendrars em sua casa de campo, em Tremblay-sur-Mauldre.

**1926** Segue com Nonê, Tarsila do Amaral e sua filha Dulce para uma excursão ao Oriente Médio, a bordo do navio *Lotus*. Publica, na revista modernista *Terra Roxa e Outras Terras*, de 3 de fevereiro, o prefácio "Lettre-Océan" ao livro *Pathé-baby*, de António de Alcântara Machado. Em maio, vai a Roma para uma audiência com o papa, na tentativa de obter a anulação do primeiro casamento de Tarsila. Em Paris, auxilia a pintora nos preparativos de sua exposição. Dá início à coluna "Feira das Quintas", no *Jornal do Commercio*, que até 5 de maio do ano seguinte será assinada por João Miramar. Casa-se com Tarsila do Amaral em 30 de outubro, tendo como padrinhos o amigo e já presidente da República Washington Luís e d. Olívia Guedes Penteado. Encontra-se, em outubro, com os fundadores da revista *Verde*, em Cataguases, Minas Gerais. Divulga, na *Revista do Brasil* (2ª fase), de 30 de novembro, o primeiro prefácio ao futuro livro *Serafim Ponte Grande*, intitulado "Objeto e fim da presente obra".

**1927** Publica *A estrela de absinto*, segundo volume de *A trilogia do exílio*, com capa de Victor Brecheret, pela Editorial Hélios. A partir de 31 de março, escreve, no *Jornal do Commercio*, crônicas de ataque a Plínio Salgado e Menotti Del Picchia, estabelecendo as divergências com o grupo Verde--Amarelo que levaram à cisão entre os modernistas de 1922. Custeia a publicação do livro de poemas *Primeiro caderno do aluno de poesia Oswald de Andrade*, com capa de Tarsila do Amaral e ilustrações próprias. Volta a Paris, onde permanece de junho a agosto para a segunda exposição individual de Tarsila. Recebe menção honrosa pelo romance *A estrela de absinto* no concurso promovido pela Academia Brasileira de Letras.

**1928** Como presente de aniversário, recebe de Tarsila um quadro ao qual resolvem chamar *Abaporu* (em língua tupi, "aquele que come"). Redige e faz uma leitura do "Manifesto Antropófago" na casa de Mário de Andrade. Funda, com os amigos Raul Bopp e António de Alcântara Machado, a *Revista de Antropofagia*, cuja "primeira dentição" é editada de maio de 1928 a fevereiro de 1929.

**1929** Lança, em 17 de março, a "segunda dentição" da *Revista de Antropofagia*, dessa vez veiculada pelo *Diário de S. Paulo* até 1º de agosto, sem a participação dos antigos colaboradores, os quais a revista passa a criticar. Com o apoio da publicação, presta uma homenagem ao palhaço Piolim no dia 27 de março, Quarta-Feira de Cinzas, oferecendo-lhe um almoço denominado "banquete de devoração". Ao longo do ano, rompe com os amigos Mário de Andrade, Paulo Prado e António de Alcântara Machado. Em outubro, sofre os efeitos da queda da bolsa de valores de Nova York. Recebe, na fazenda Santa Tereza do Alto, a visita de Le Corbusier, Josephine Baker e Hermann von Keyserling. Mantém uma relação amorosa com Patrícia Galvão, a Pagu, com quem escreve o diário "O romance da época anarquista, ou Livro das horas de Pagu que são minhas — o romance romântico — 1929-1931". Viaja para encontrar-se com ela na Bahia. Ao regressar, desfaz seu matrimônio com Tarsila, prima de Waldemar Belisário, com quem Pagu havia recentemente forjado um casamento.

**1930** No dia 5 de janeiro, firma um compromisso verbal de casamento com Pagu junto ao jazigo da família Andrade, no cemitério da Consolação. Depois registra a união em uma foto oficial dos noivos, diante da

Igreja da Penha. Viaja ao Rio de Janeiro para assistir à posse de Guilherme de Almeida na Academia Brasileira de Letras e é detido pela polícia devido a uma denúncia sobre sua intenção de agredir o ex-amigo e poeta Olegário Mariano. Nasce seu filho com Pagu, Rudá Poronominare Galvão de Andrade, no dia 25 de setembro.

**1931** Viaja ao Uruguai, onde conhece Luís Carlos Prestes, exilado em Montevidéu. Adere ao comunismo. Em 27 de março, lança, com Pagu e Queirós Lima, o jornal *O Homem do Povo*. Participa da Conferência Regional do Partido Comunista no Rio de Janeiro. Em junho, deixa de viver com Pagu.

**1933** Publica o romance *Serafim Ponte Grande*, contendo novo prefácio, redigido no ano anterior, após a Revolução Constitucionalista de 9 de julho, em São Paulo. Financia a publicação do romance *Parque industrial*, de Pagu, que assina com o pseudônimo Mara Lobo.

**1934** Participa do Clube dos Artistas Modernos. Vive com a pianista Pilar Ferrer. Publica a peça teatral *O homem e o cavalo*, com capa de Nonê. Lança *A escada vermelha*, terceiro volume de *A trilogia do exílio*. Apaixona-se por Julieta Bárbara Guerrini, com quem assina, em dezembro, um "contrato antenupcial" em regime de separação de bens.

**1935** Faz parte do grupo que prepara os estatutos do movimento Quarteirão, que se reúne na casa de Flávio de Carvalho para programar atividades artísticas e culturais. Conhece, por meio de Julieta Guerrini, que frequenta o curso de sociologia da USP, os professores Roger Bastide, Giuseppe Ungaretti e Claude Lévi-Strauss, de quem fica amigo. Acompanha Lévi-Strauss em excursão turística às cataratas de Foz do Iguaçu.

**1936** Publica, na revista *O XI de Agosto*, o trecho "Página de Natal", que anos mais tarde faria parte de *O beco do escarro*, da série *Marco zero*. Termina a primeira versão de *O santeiro do Mangue*. Casa-se oficialmente com Julieta Bárbara Guerrini, no dia 24 de dezembro, em cerimônia que teve como padrinhos Cásper Libero, Candido Portinari e Clotilde Guerrini, irmã da noiva.

**1937** Frequenta a fazenda da família de Julieta Guerrini, em Piracicaba, onde recebe a visita de Jorge Amado. Publica, pela editora José Olympio, um volume reunindo as peças *A morta* e *O Rei da Vela*. Colabora na revista *Problemas*, em 15 de agosto, com o ensaio "País de sobremesa" e, em 15 de setembro, com a sátira "Panorama do fascismo".

**1938** Publica na revista *O Cruzeiro*, em 2 de abril, "A vocação", texto que seria incluído no volume *A presença do mar*, quarto título da série *Marco zero*, que não chegou a ser editado. Obtém o registro nº 179 junto ao Sindicato dos Jornalistas de São Paulo. Escreve o ensaio "Análise de dois tipos de ficção", apresentado no mês de julho no Primeiro Congresso Paulista de Psicologia, Neurologia, Psiquiatria, Endocrinologia, Medicina Legal e Criminologia.

**1939** Em agosto, parte para a Europa com a esposa Julieta Guerrini a bordo do navio *Alameda*, da Blue Star Line, para representar o Brasil no Congresso do Pen Club que se realizaria na Suécia. Retorna, a bordo do navio cargueiro *Angola*, depois de cancelado o evento devido à guerra. Trabalha para a abertura da filial paulista do jornal carioca *Meio Dia*, do qual se torna representante. Mantém nesse jornal as colunas "Banho de Sol" e "De Literatura". Publica uma série de reportagens sobre personalidades paulistas no *Jornal da Manhã*. Sofre problemas de saúde. Retira-se para a estância de São Pedro a fim de recuperar-se da crise.

**1940** Candidata-se à Academia Brasileira de Letras, dessa vez para ocupar a vaga de Luís Guimarães Filho. Escreve uma carta aberta aos imortais, declarando-se um paraquedista contra as candidaturas de Menotti Del Picchia e Manuel Bandeira, que acaba sendo eleito. Como provocação, essa carta, publicada no dia 22 de agosto no Suplemento Literário do jornal *Meio Dia*, veio acompanhada de uma fotografia sua usando uma máscara de proteção contra gases mortíferos.

**1941** Relança *A trilogia do exílio* em volume único, com o título *Os condenados*, e os romances agora intitulados *Alma*, *A estrela de absinto* e *A escada*, pela editora Livraria do Globo. Encontra-se com Walt Disney, que visita São Paulo. Monta, com o filho Nonê, um escritório de imóveis.

**1942** Publica, na *Revista do Brasil* (3ª fase), do mês de março, o texto "Sombra amarela", dedicado a Orson Welles, de seu futuro romance *Marco zero*. Participa do vii Salão do Sindicato dos Artistas Plásticos de São Paulo. Julieta Guerrini entra com pedido de separação em 21 de dezembro. Depois de conhecer Maria Antonieta D'Alkmin, dedica-lhe o poema "Cântico dos cânticos para flauta e violão", publicado como suplemento da *Revista Acadêmica* de junho de 1944, com ilustrações de Lasar Segall.

**1943** Publica *A revolução melancólica*, primeiro volume de *Marco zero*, com capa de Santa Rosa, pela editora José Olympio. Com esse romance, participa do ii Concurso Literário patrocinado pela *Revista do Brasil* e pela Sociedade Felipe de Oliveira. Em junho, casa-se com Maria Antonieta. Inicia, em 16 de julho, a coluna "Feira das Sextas" no *Diário de S. Paulo*. Encontra-se com o escritor argentino Oliverio Girondo, que visita o Brasil com a esposa, Norah Lange. Por ocasião do encerramento da exposição do pintor Carlos Prado, em setembro, profere a conferência "A evolução do retrato".

**1944** A partir de 1º de fevereiro, começa a colaborar no jornal carioca *Correio da Manhã*, para o qual escreve a coluna "'Telefonema" até o fim da vida. Em maio, viaja a Belo Horizonte a convite do prefeito Juscelino Kubitschek, para participar da Primeira Exposição de Arte Moderna, na qual profere a conferência "O caminho percorrido", mais tarde incluída no volume *Ponta de lança*. Concede uma entrevista a Edgar Cavalheiro, que a publica como "Meu testamento" no livro *Testamento de uma geração*.

**1945** Participa do i Congresso Brasileiro de Escritores realizado em janeiro. Viaja a Piracicaba, onde profere a conferência "A lição da Inconfidência" em comemoração ao dia 21 de abril. Em 22 de maio, anuncia o nome de Prestes como candidato à presidência e lança o manifesto da Ala Progressista Brasileira. Publica *Chão*, o segundo volume de *Marco zero*, pela editora José Olympio, e também edita sua reunião de artigos intitulada *Ponta de lança*, pela Martins Editora. Publica, pelas Edições Gaveta, em volume de luxo, com capa de Lasar Segall, *Poesias Reunidas O. Andrade*. É convidado a falar na Biblioteca Municipal de São Paulo, onde pronuncia a conferência "A sátira na literatura brasileira". Discorda da linha política adotada por Prestes e rompe com o Partido Comunista do Brasil, expondo suas razões em uma entrevista publicada em 23 de setembro no *Diário de S. Paulo*. Publica a tese *A Arcádia e a Inconfidência*, apresentada em concurso da cadeira de Literatura Brasileira da Universidade de São Paulo. Recebe o poeta Pablo Neruda em visita a São Paulo. Publica o poema "Canto do pracinha só", escrito em agosto, na *Revista Acadêmica* de novembro, mês em que nasce sua filha Antonieta Marília de Oswald de Andrade.

**1946** Participa do I Congresso Paulista de Escritores que se reúne em Limeira e presta homenagem póstuma ao escritor Mário de Andrade. Assina contrato com o governo de São Paulo para a realização da obra "O que fizemos em 25 anos", projeto que acaba sendo arquivado. Em outubro, profere a conferência "Informe sobre o modernismo". Em novembro, publica, na *Revista Acadêmica*, o ensaio "Mensagem ao antropófago desconhecido (da França Antártica)".

**1947** Publica, na *Revista Acadêmica*, o poema "O escaravelho de ouro", dedicado à filha Antonieta Marília e com data de 15 de abril de 1946. Candidata-se a delegado paulista da Associação Brasileira de Escritores, que realiza congresso em outubro, em Belo Horizonte. Perde a eleição e se desliga da entidade por meio de um protesto dirigido ao presidente da seção estadual, Sérgio Buarque de Holanda.

**1948** Em 24 de abril, nasce seu quarto filho, Paulo Marcos Alkmin de Andrade. Nessa época, participa do Primeiro Congresso Paulista de Poesia, no qual discursa criticando a chamada "geração de 1945" e reafirma as conquistas de 1922.

**1949** Profere conferência no Centro de Debates Cásper Líbero, no dia 25 de janeiro, intitulada "Civilização e dinheiro". Em abril, faz a apresentação do jornal *Tentativa*, lançado pelo grupo de intelectuais residentes em Atibaia, a quem concede entrevista sobre a situação da literatura. Profere conferência no dia 19 de maio no Museu de Arte Moderna, onde fala sobre "As novas dimensões da poesia". Recebe, em julho, o escritor Albert Camus, que vem ao Brasil para proferir conferências. Oferece-lhe uma "feijoada antropofágica" em sua residência. Inicia, no dia 5 de novembro, a coluna "3 Linhas e 4 Verdades" na *Folha da Manhã*, atual *Folha de S.Paulo*, que manteve até o ano seguinte.

**1950** No dia 25 de março, comemora seu 60º aniversário e o Jubileu de *Pau Brasil*; participa do "banquete antropofágico" no Automóvel Club de São Paulo, em sua homenagem. O *Diário de Notícias*, do Rio de Janeiro, publica, no dia 8 de janeiro, o "Autorretrato de Oswald". Em fevereiro, concede entrevista a Mário da Silva Brito, para o *Jornal de Notícias*, intitulada "O poeta Oswald de Andrade perante meio século de literatura brasileira". Em abril, escreve o artigo "Sexagenário não, mas Sex-appeal-genário" para o jornal *A Manhã*. Participa do I Congresso Brasileiro de Filosofia com a comunicação "Um aspecto antropofágico da cultura brasileira, o homem cordial". Publica, pela gráfica Revista dos Tribunais, a tese *A crise da filosofia messiânica*, que pretendia apresentar à Universidade de São Paulo, em um concurso da cadeira de Filosofia, mas não pôde concorrer. Lança-se candidato a deputado federal pelo Partido Republicano Trabalhista com o lema "Pão-teto-roupa-saúde-instrução-liberdade".

**1951** Em janeiro, entrega a Cassiano Ricardo um projeto escrito a propósito da reforma de base anunciada por Getúlio Vargas. Propõe a organização de um Departamento Nacional de Cultura. Suas dificuldades financeiras acentuam-se. Consegue negociar um empréstimo junto à Caixa Econômica para conclusão da construção de um edifício. Recebe o filósofo italiano Ernesto Grassi, a quem oferece um churrasco em seu sítio em Ribeirão Pires. No dia 8 de agosto, a *Folha da Manhã* publica seu perfil em artigo intitulado "Traços de identidade".

**1952** Em 17 de fevereiro, o suplemento Letras & Artes do jornal carioca *A Manhã* republica o "Manifesto da Poesia Pau Brasil" entre a série de matérias comemorativas dos trinta anos da Semana de Arte Moderna. Faz anotações para um estudo sobre a Antropofagia, escrevendo os ensaios "Os passos incertos do antropófago" e "O antropófago, sua marcha para a técnica, a revolução e o progresso". Passa temporadas no sítio de Ribeirão Pires e em Águas de São Pedro para tratamento de saúde. Em dezembro, escreve "Tratado de Antropofagia"; é internado na Clínica São Vicente, no Rio de Janeiro.

**1953** Participa do júri do concurso promovido pelo Salão Letras e Artes Carmen Dolores Barbosa e dirige saudação a José Lins do Rego, premiado com o romance *Cangaceiros*. Passa por nova internação hospitalar no Rio de Janeiro, durante o mês de junho. Publica, a partir de 5 de julho, no caderno Literatura e Arte de *O Estado de S. Paulo*, a série "A marcha das Utopias" e, a partir de setembro, fragmentos "Das 'Memórias'". Recebe proposta para traduzir *Marco zero* para o francês. Em dezembro, sem recursos e necessitando de tratamentos de saúde, tenta vender sua coleção de telas estrangeiras para o Museu de Arte Moderna do Rio de Janeiro, que formava seu acervo, e os quadros nacionais para Niomar Moniz.

**1954** A partir de fevereiro, prepara-se para ministrar o curso de Estudos Brasileiros na Universidade de Uppsala, na Suécia. Altera a programação e prepara um curso a ser dado em Genebra. Não realiza a viagem. Em março, é internado no hospital Santa Edwiges e escreve o caderno de reflexões "Livro da convalescença". Em maio, passa por uma cirurgia no Hospital das Clínicas. Profere a conferência "Fazedores da América — de Vespúcio a Matarazzo" na Faculdade de Direito da USP. É homenageado pelo Congresso Internacional de Escritores realizado em São Paulo. É publicado o primeiro volume planejado para a série de memórias, *Um homem sem profissão. Memórias e confissões. 1. Sob as ordens de mamãe*, com capa de Nonê e prefácio de Antonio Candido, pela José Olympio. Seu reingresso nos quadros da Associação Brasileira de Escritores é aprovado em agosto. Em setembro, é entrevistado pelo programa de Radhá Abramo na TV Record. Em outubro, é novamente internado; falece no dia 22, sendo sepultado no jazigo da família, no cemitério da Consolação.

1ª EDIÇÃO [2017] 1 reimpressão

ESTA OBRA FOI COMPOSTA PELA SPRESS EM SILVIA TEXT
E IMPRESSA EM OFSETE PELA GEOGRÁFICA SOBRE PAPEL PÓLEN BOLD
DA SUZANO S.A. PARA A EDITORA SCHWARCZ EM ABRIL DE 2021

A marca FSC® é a garantia de que a madeira utilizada na fabricação do papel deste livro provém de florestas que foram gerenciadas de maneira ambientalmente correta, socialmente justa e economicamente viável, além de outras fontes de origem controlada.